格言警训选

弘一大师著

中国画报出版社·北京

图书在版编目（CIP）数据

格言警训选 / 弘一大师著 . -- 北京 ：中国画报出版社，2017.1（2022.11重印）
（弘一大师文集）
ISBN 978-7-5146-1387-2
Ⅰ . ①格… Ⅱ . ①弘… Ⅲ . ①汉语－格言－汇编 Ⅳ . ① H136.33
中国版本图书馆 CIP 数据核字 (2016) 第 247144 号

格言警训选 弘一大师 著

出 版 人：于九涛
特别策划：吴红梅
责任编辑：于九涛 郭翠青
助理编辑：魏姗姗
封面篆章：朱广贺
责任印制：焦 洋
出版发行：中国画报出版社
（中国北京市海淀区车公庄西路 33 号 邮编：100048）
开 本：32 开（787mm × 1092mm）
印 张：10.5
字 数：139 千字
版 次：2017 年 1 月第 1 版 2022 年 11 月第 2 次印刷
印 刷：三河市兴国印务有限公司
定 价：40.00 元
总编室兼传真：010-88417359 版权部：010-88417409
发行部：010-88417360 010-88417417（传真）

目录

关于
《格言别录》

所谓格言，据《现代汉语词典》解：“言：含有劝诫和教育意义的话。”清金缨《格言联壁》是指导人们进行道德实践的一本特别适用的格言集锦。弘一大师年少时就很注重道德修养实践，格言是弘一大师一生中重要的修行内容之一。

弘一大师出家之后，为使前人的格言录能更适合人们学习，他把明代薛文清的《读书录》《读书续录》，清代梁瀛侯的《日省录》选编为《佩玉篇》，并一一加以题记。又据《金刚经》《华严经》《有部律》等佛经，以及道安、莲池法师的修身养性语录，编成《晚晴集》；摘录蕅益大师《灵峰宗论》中的僧德法语，编为《寒笳集》，又称《蕅益大师警训略录》。其中，他对清代金缨《格言联璧》的选编删改力度最大，最后精编为《格言别录》，他还亲自以别具一格的书法为载体，书写了《格言别录》，使这些前人道德修为精华录广为传布。

《格言联璧》原分为十类，由于大师已皈依佛门，出家修行，所以他对原书的“齐家类”“从政类”一条不选，而从“持躬”“敦品”“处事”“接物”等四类中选编。对书中文字也作了多处的调整和增删，其用意就是为了突出佛教徒应严格遵守戒律和学佛成道的信念。

弘一大师一生都非常重视《格言联璧》，他自称：“余童年恒览是书。”一个“恒”字，说明他对这些格言不是读一两遍就算，而是经常读、反复读。成年以后，他仍然没有间断读，他说自己“三十以后，稍知修养，亦奉之为圭臬”。大师在《改过实验谈》演讲中说：“余自儿时，即读此书，皈信佛法以来，亦常常翻阅。”他不仅自己阅读，也常教导学生读，写成书法和大众结缘。这本格言选编，是大师严以律己的修行实证，集括了古代人们根据处身立世、待人接物等诸多方面有针对性地提出的劝诫和指引，就是在今天，也有重要的现实意义。

格言别录

学问类

为善最乐，读书便佳。

茅鹿门云：

人生在世，多行救济事，则彼之感我，中怀倾倒，浸入肝脾。何幸而得人心如此哉！

注释：茅鹿门，即茅坤，号鹿门，明代著名散文家。

诸君到此何为，岂徒学问文章，擅一艺微长，便算读书种子？在我所求亦恕，不过子臣弟友，尽五伦本分，共成名教中人。

——广州香山书院楹联

注释：　恕，推己及人、仁爱待物。

名教，礼法教育、人伦教育。

何谓至行？曰：庸行。

何谓大人？曰：小心。

注释：大人，指德行高尚，心量宽大的人。

凛闲居以体独，卜动念以知己，谨威仪以定命，敦大伦以凝道，备百行以考德，迁善改过以作圣。

——刘忠介《人谱》六条

注释：凛，敬畏。

观天地生物气象，学圣贤克己工夫。

存养类

自家有好处，要掩藏几分，这是涵育以养深；别人不好处，要掩藏几分，这是浑厚以养大。

以虚养心，以德养身，以仁养天下万物，以道养天下万世。

一动乎欲，欲迷则昏。一任乎气，气偏则戾。

刘直斋云：

存心养性，须要耐烦耐苦，耐惊耐怕，

方得纯熟。

注释：　刘直斋，明朝学问家。

寡欲故静，有主则虚。

不为外物所动之谓静，不为外物所实之谓虚。

宜静默，宜从容，宜谨严，宜俭约。

敬守此心，则心安；敛抑其气，则气平。

青天白日的节义，自暗室屋漏中培来。

旋乾转坤的经纶，自临深履薄冰处得力。

谦退是保身第一法，安详是处世第一法，涵容是待人第一法，恬淡是养心第一法。

刘念台云：

涵养，全得一缓字，凡言语，动作皆是。

注释：刘念台，明朝学问家刘宗周，号念台。

应事接物，常觉得心中有从容闲暇时，才见涵养。

刘念台云：

易喜易怒，轻言轻动，只是一种浮气用事，此病根最不小。

吕新吾云：

“心平气和”四字，非有涵养者不能做，工夫只在个定义。

注释： 吕新吾，明朝刑部侍郎，号新吾。

陈榕门云：

定火工夫，不外以理制欲。理胜，则气平矣。

注释： 陈榕门，即陈弘谋，号容门。清代政治家、教育家，曾历任多省巡抚、两广两湖总督及尚书等要职，官至东阁大学士。

自处超然，处人蔼然；
无事澄然，有事斩然；
得意淡然，失意泰然。

气忌盛，心忌满，才忌露。

意粗性躁，一事无成；
心平气和，千祥骈集。

冲繁地，顽钝人，拂逆时，纷杂事，此中最好养火。若决烈愤激，不但无益，而事卒以偾，人卒以怨，我卒以无成，是谓至愚。耐得过时，便有无限受用处。

注释：偾，fèn，覆败，灭亡。

人性褊急则气盛，气盛则心粗，心粗则神昏，乖舛谬戾，可胜言哉?

注释：乖舛谬戾，乖，背离，违背。舛，chuǎn，

ǎ

不顺利，差错。乖舛，谬误差错。谬，miù，过错，谬误，不合情理。戾，lì，弯曲，指人有乖张、违逆乃至暴戾气之意。乖舛谬戾，强调各种差错、谬误非常多。

以和气迎人，则乖沴灭。

以正气接物，则妖氛消。

以浩气临事，则疑畏释。

以静气养身，则梦寐恬。

注释： 乖沴，乖，违背。沴，lì，水流不畅。乖沴，指不和之气、邪气。

轻当矫之以重，浮当矫之以实，褊当矫之以宽，躁急当矫之以和缓，刚暴当矫之以温柔，浅露当矫之以沉潜，谿刻当矫之以浑厚。

注释： 褊，biǎn，本意为衣服窄小，引申为心胸、气量、见识等狭窄。谿刻，谿，通“溪”，苛刻，刻薄。

尹和靖云：

莫大之祸，皆起于须臾之不能忍，不可不谨。

注释： 尹和靖，南宋大儒。

逆境顺境看襟度，临喜临怒看涵养。

持躬类

聪明睿知，守之以愚；
道德隆重，守之以谦。

富贵，怨之府也；才能，身之灾也。
声名，谤之媒也；欢乐，悲之渐也。

只是常有惧心，退一步做，见益而思损，持满而思溢，则免于祸。

人生最不幸处，是偶一失言而祸不及，偶一失谋而事幸成，偶一恣行而获小利。后乃视为故常，而恬不以为意。则莫大之患，由此生矣。

学一分退让，讨一分便宜。增一分享用，减一分福泽。

不自重者取辱，不自畏者招祸。

盖世功劳，当不得一个“矜”字；弥天罪恶，当不得一个“悔”字。

大着肚皮容物，立定脚跟做人。

事当快意处，须转；言到快意时，须住。

殃咎之来，未有不始于快心者。

故君子得意而忧，逢喜而惧。

物忌全胜，事忌全美，人忌全盛。

尽前行者地步窄，向后看者眼界宽。

花繁柳密处拨得开，方见手段；
风狂雨骤时立得定，才是脚跟。

人当变故之来，只宜静守，不宜躁动。即使万无解救，而志正守确，虽事不可为，而心终可白。否则必致身败，而名亦不保，非所以处变之道。

步步占先者，必有人以挤之；

事事争胜者，必有人以挫之。

安莫安于知足，危莫危于多言。

行己恭，责躬厚，接众和，立心正，进道勇。择友以求益，改过以全身。

度量如海涵春育，持身如玉洁冰清，襟抱如光风霁月，气概如乔岳泰山。

心不妄念，身不妄动，口不妄言，君子所以存诚；内不欺己，外不欺人，上不欺天，君子所以慎独。

心志要苦，意趣要乐，气度要宏，言动要谨。

心术以光明笃实为第一；
容貌以正大老成为第一；
言语以简重真切为第一。

平生无一事可瞒人，此是大快。

书有未曾经我读，事无不可对人言。

心思要缜密，不可琐屑；
操守要严明，不可激烈。

聪明者戒太察，刚强者戒太暴。

以情恕人，以理律己。

以恕己之心恕人，则全交；
以责人之心责己，则寡过。

唐荆川云：

须要刻刻检点自家病痛，盖所恶于人许多病痛处，若真知反己，则色色有之也。

注释：唐荆川， 唐顺之，号荆川。明代学者。

以淡字交友，以聋字止谤，
以刻字责己，以弱字御侮。

居安虑危，处治思乱。

事事难上难，举足常虞失坠；
件件想一想，浑身都是过差。

怒宜实力消融，过要细心检点。

事不可做尽，言不可道尽。

胡文定公曰：

人家最不要事事足意，常有事不足处方好。才事事足意，便有不好事出来，历试历验。

注释：　胡文定，胡安国，号文定，北宋著名学者。

邵康节诗云：

好花看到半开时，最为亲切有味。

注释：邵康节，北宋名士。

精细者，无苛察之心，

光明者，无浅露之病。

识不足则多虑，威不足则多怒，信不足则多言。

足恭伪态，礼之贼也；

苛察歧疑，智之贼也。

“缓”字可以免悔，“退”字可以免祸。

敦品类

敦诗书，尚气节，慎取与，谨威仪，此惜名也；

竞标榜，邀权贵，务矫激，习模棱，此市名也。

惜名者，静而休；

市名者，躁而拙。

辱身丧名，莫不由此。

求名适所以坏名，名岂可市哉！

处事类

处难处之事愈宜宽，

处难处之人愈宜厚，

处至急之事愈宜缓。

必有容，德乃大；必有忍，事乃济。

吕新吾云：

做天下好事，既度德量力，又须审势择人。专欲难成，众怒难犯——此八字，不独妄动邪为者宜慎，虽以至公无私之心，行正大光明之事，亦须调剂人情，发明事理，俾大家信从，然后动有成，事可久。盖群情多暗于远识，小人不便于私己，群起而坏之，虽有良法，胡成胡久？

强不知以为知，此乃大愚。

本无事而生事，是谓福薄。

白香山诗云：

我有一言君记取，世间自取苦人多。

注释：白香山，唐代诗人白居易。

无事时，戒一偷字；有事时，戒一乱字。

刘念台云：

学者遇事不能应，总是此心受病处。只有炼心法，更无炼事法。炼心之法，大要只是胸中无一事而已。无一事，乃能事事，此是主静工夫得力处。

处事大忌急躁，急躁则先自处不暇，何暇治事？

论人当节取其长，曲谅其短；
做事必先审其害，后计其利。

无心者公，无我者明。

接物类

严着此心以拒外诱，

须如一团烈火，遇物即烧；

宽着以心待同群，

须如一片春阳，无人不暖。

凡一事而关人终身，纵确见实闻，不可着口。凡一语而伤我长厚，虽闲谈戏谑，慎勿形言。结怨仇，招祸害，伤阴骘，皆由于此。

持己当从无过中求有过，非独进德，亦且免患；

待人当于有过中求无过，非但存厚，亦且解怨。

遇事只一味镇定从容，虽纷若乱丝，终当就绪；

待人无半毫矫伪欺诈，纵狡如山鬼，亦自献诚。

公生明，诚生明，从容生明。

公生明者，不敝于私也；诚生明者，不杂以伪也；从容生明者，不淆于惑也。

穷天下之辩者，不在辩而在讷；

伏天下之勇者，不在勇而在怯。

何以息谤？曰：无辩；

何以止怨？曰：不争。

人之谤我也，与其能辩，不如能容；
人之侮我也，与其能防，不如能化。

张梦复云：受得小气，则不至于受大气；吃得小亏，则不至于吃大亏。

注释：张梦复，清代学者。

又云：凡事最不可想占便宜。便宜者，天下人之所共争也。我一人据之，则怨萃于我矣。我失便宜，则众怨消矣。故终身失便宜，乃终身得便宜也。此余数十年阅历有得之言，其遵守之，毋忽。

余生平未尝多受小人之侮，只有一善策，能转弯早耳。

忍与让，足以消无穷之灾悔。古人有言：终身让路，不失尺寸。

以仁义存心，以忍让接物。

林退斋临终，子孙环跪请训。曰：无他言，尔等只要学吃亏。

任难任之事，要有力而无气；
处难处之人，要有知而无言。

穷寇不可追也，遁词不可攻也。

恩怕先益后损，威怕先松后紧。

先益后损，则恩反为仇，前功尽弃；

先松后紧，则管束不下，反招怨怒。

善用威者不轻怒，善用恩者不妄施。

宽厚者，毋使人有所恃；

精明者，不使人无所容。

轻信轻发，听言之大戒也；

愈激愈厉，责善之大戒也。

吕新吾云：

愧之则小人可使为君子，激之则君子可使为小人。激之而不怒者，非有大量，必有深机。

处事须留余地，责善切戒尽言。

曲木恶绳，顽石恶攻。责善之言，不可不慎也。

吕新吾云：

责善，要看其人何如，又当尽长善救失之道。无指摘其所忌，无尽数其所失，无对人，无峭直，无长言，无累言。犯此六戒，虽忠言，非善道矣。

又云：

论人须带三分浑厚。非直远祸，亦以留人掩盖之路，触人悔悟之机，养人体面之余，犹天地含蓄之气也。

使人敢怒而不敢言者，便是损阴骘处。

凡劝人，不可遽指其过，必须先美其长，盖人喜则言易入，怒则言难入也。善化人者，心诚色温，气和辞婉；容其所不及，而谅其所不能，恕其所不知，而体其所不欲；随事讲说，随时开导。彼乐接引之诚，而喜于所好；感督责之宽，而愧其不材。人非木石，未有不长进者。我若疾恶如仇，彼亦趋死如鹜，虽欲自新而不可得，哀哉！

先哲云：

觉人之诈，不形于言；受人之侮，不动于色。此中有无穷意味，亦有无限受用。

喜闻人过，不如喜闻己过；乐道己善，何如乐道人善。

论人之非，当原其心，不可徒泥其迹；取人之善，当据其迹，不必深究其心。

吕新吾云：

论人情，只向薄处求；说人心，只从恶边想。此是私而刻的念头，非长厚之道也。

修己以清心为要，涉世以慎言为先。

恶莫大于纵己之欲，祸莫大于言人之非。

施之君子，则丧吾德；施之小人，则杀吾身。（按此指言人之非者）

人褊急，我受之以宽宏；

人险仄，我待之以坦荡。

持身不可太皎洁，一切污辱垢秽要茹纳得；

处世不可太分明，一切贤愚好丑要包容得。

精明须藏在浑厚里作用。古人得祸，精明人十居九，未有浑厚而得祸者。

德盛者，其心和平，见人皆可取，故口中所许可者多；德薄者，其心刻傲，见人皆可憎，故目中所鄙弃者众。

吕新吾云：

世人喜言无好人，此孟浪语也。推原其病，皆从不忠不恕所致，自家便是个不好人，更何暇责备他人乎？

律己宜带秋气，处世须带春风。

盛喜中勿许人物，盛怒中勿答人书。

喜时之言多失信，怒时之言多失体。

静坐常思己过，闲谈莫论人非。

面谀之词，有识者未必悦心；
背后之议，受憾者常若刻骨。

攻人之恶毋太严，要思其堪受；
教人以善毋过高，当使其可从。

事有急之不白者，缓之或自化，毋急躁以速其戾；人有操之不从者，纵之或自化，毋苛刻以益其顽。

己性不可任，当用逆法制之，其道在一忍字；
人性不可拂，当用顺法调之，其道在一恕字。

临事需替别人想，论人先将自己想。
欲论人者先自论，欲知人者先自知。

凡为外所胜者，皆内不足；
凡为邪所夺者，皆正不足。

今人见人敬慢，辄生喜愠心，皆外重者也。此迷不破，胸中冰炭一生。

小人乐闻君子之过，君子耻闻小人之恶。此存心厚薄之人，故人品因之而别。

惠不在大，在乎当厄；
怨不在多，在乎伤心。

毋以小嫌疏至戚，毋以新怨忘旧恩。

刘直斋云：

好合不如好散，此言极有理。盖合者，始也；散者，终也。至于好散，则善其终矣。凡处一事，交一人，无不皆然。

注释：刘直斋，明代学者。

惠吉类

群居守口，独坐防心。

造物所忌，曰刻曰巧。

万类相感，以诚以忠。

《谦》卦六爻皆吉，恕字终身可行。

知足常足，终身不辱；

知止常止，终身不耻。

明镜止水以澄心，泰山乔岳以立身，

青天白日以应事，霁月光风以待人。

悖凶类

盛者衰之始，福者祸之基。

佩玉篇

明薛文清公《读书录》选

题 记

《读书录》十卷，《续录》十二卷，明名臣薛文清（瑄）公撰。其中说性理者，颇近佛法。惜模糊影响，似是而非，故无足取。但其习气之言，皆精湛切实，可资吾人省惕。故择录百余则，以备寻览焉。

己巳七月贤瓶道人书

二十年治一怒字，尚未消磨得尽。以是知克己最难。

余每夜就枕，必思一日所行之事。所行

合理，则恬然安寝。或有不合，即辗转不能寐。思有以更其失，又虑始勤终怠也，因笔录自警。

深以刻薄为戒，每事当从忠厚。

宁人负我，毋我负人。此言当留心。

惟宽可以容人，惟厚可以载物。

道友善不纳，则当止。宜体此言。

不能感人，皆诚之未至。

学以静为本。

口念书而心他驰，难乎有得矣。

余于坐立方向器用安顿类之，稍有不正，即不乐。必正而后已，非作意为之，亦其性然。

一语妄发即有悔，可不慎哉！

不力行，只是学人说话。

程子作字甚敬，曰：“只此是学。”

凡取人，当舍其旧而图其新。自贤人以下，皆不能无过。或早年有过，中年能改；或中年有过，晚年能改。当不追其往，而图其新可也。若追究其往日之过，并弃其后来之善，将使人无迁善之门，而世无可用之材也。以是处心，刻亦甚矣！

大抵常人之情，责人太详，而自责太略。是所谓以圣人望人，以众人自待也。惑之甚矣！

作诗作文写字，疲弊精神，荒耗志气，而无得于己。惟从事于心学，则气完体胖，有休休自得之趣。惟亲历者知其味，殆难以语人也。

开卷即有与圣贤不相似处。可不勉乎？

欲以虚假之善，盖真是之恶。

人其可欺，天其可欺乎？

人有负才能而见与辞貌者，其小也可知矣。

觉人诈，而不形于言，最有味。

戒太察，太察则无含弘之气象。

行有不得，皆反求诸己。

少陵诗曰：“水流心不竞，云在意俱迟。”从容自在，可以形容有道者之气象。

由于一事心或不快，遂于别事处置失宜，此不敬之过也。

往时怒，觉心动。近觉随怒随休，而心不为之动矣。

轻当矫之以重，急当矫之以缓，偏当矫之以宽，躁当矫之以静，暴当矫之以和，粗当矫之以细。察其偏者而悉矫之，久之气质变矣。

陶渊明曰：“此亦人子也，可善遇之。”

按此指奴婢而言

处事大宜心平气和。

行七八分，言二三分。

处事不可使人知恩。

旧习最害事。吾欲进，彼则止吾之进；吾欲新，彼则汩吾之新。甚可恶，当刮绝之。

为学时时处处是做工夫处。虽至卑至陋处，皆当存谨畏之心，而不可忽。且如就枕时，手足不敢妄动，心不敢乱想，这便是睡时做工夫，以至无时无事不然。

英气甚害事，浑涵不露圭角最好。

第一要有浑厚包涵从容广大之气象。

促迫、偏窄、浅率、浮躁，非有德之气象。

只观之气象，便知其涵养之浅深。

余觉前二十年之功，不如近时切实而有味。

寡欲，省多少劳扰。只寡欲，便无事。无事，心便澄然矣。

密汝言，和汝气。

余少时学诗学字，错用工夫多。早移向此，庶几万一。

省察之功，不可一时而或怠。《诗》曰：“夙夜匪懈。”其斯之谓欤？！

“敬”字一字，无“欲”字，乃学者至要至要。

余近日甚觉敬与无欲之力。

观人之法，只观含蓄，则深浅可见。

方为一事，即欲人知，浅之尤者。

时然后言，唯有德者能之。

古人衣冠伟博，皆所以庄其外而肃其内。后人服一切简便短窄之衣，起居动静惟务安适。外无所严，内无所肃。鲜不习而为轻佻浮薄者。

守约者，心自定。待人当宽而有节。

处己接物，事上使下，皆当以敬为主。

圣人言人过处，皆优柔不迫，含蓄不露。此可以观圣人之气象。曾子曰：“战战兢兢，如临深渊，如履薄冰。”君子之守其身，可不慎乎？

必使一言不妄发，则庶几寡过矣。

珠藏泽自媚，玉蕴山含辉。此涵养之至要。

慎言谨行，是修己第一事。

气质极难变，十分用力，犹有变不尽者。然亦不可以为难变，而遂懈于用力也。

小人不可与尽言。

导人以善，不可则止。其知几乎！

言要缓，行要徐，手要恭，立要端。

以至做事有节，皆不暴其气之事。

轻诺则寡信。

为学第一在变化气质。不然，只是听说耳。

人誉之，使无可誉之实，不可为之加喜；人毁之，使无可毁之实，不可为之加戚。惟笃于自信而已。

轻言则人厌，故谨言而为自修之要。

识量大，则毁誉欣戚不足以动其中。

人不知而不愠，最为难事。今人少被人侮慢，即有不平之意，是诚德之未至也。无深远之虑，乐浅近之事者，恒人也。

刘立之谓从明道年久，未尝见其有暴厉之容，宜观明道之气象。

圣人教人，只是文行忠信，未尝极论高远。

教人言理太高，使人无可依据。

人犹知论人之是非，而己之是非则不知也。

心无所主，即动静皆失其中。

犯而不校，最省事。

只可潜修默进，不可求人知。

“中人以上，可以语上也。中人以下，不可以语上也。”须谨守此训，斯无失言之过。

放下一切外物，觉得心闲省事。

交人而人不敬信者，只当反求诸己。

凡事皆当推功让能与人，不可有一毫自德自能之意。

人不能受言者，不可妄与一言。

“中人以上，可以语上。中人以下，不可以语上。”教人者当谨受此言。与人谈论，亦当谨守此言。

待人当宏而有节。

大抵少能省己之失，惟欲寻人之失。是所谓不攻己之恶，而攻人之恶，大异乎圣人之教矣。

人不谋诸己，而强为之谋，彼即不从，是谓失言。日用间此等甚多，人以为细事而不谨，殊不知失言之责，无小大也。谨之！

日用间纤毫事，皆当省察谨慎。

元城刘忠定力行“不妄语”三字，至于七年而后成。力行之难如此，而亦不可不勉也。

句句着落不脱空，方是谨言。

温公谓：“诚自不妄语始。”信哉斯言也。

信口乱谈者，无操存省察之功也。

读正书，明正理，亲正人，存正心，行正事，斯无不正矣。

宴安之私，最难克。

宴安鸩毒，此言当深省。

名节至大，不可妄交非类以坏名节。

简默凝重以持之。

一言不可妄发，一事不可妄动。

日间时时刻刻，紧紧于自己身心上存察用力，不可一毫懈怠。

细思，处事最难。

信而后谏，未信则以为谤己也。君臣朋友皆然，不可慎哉！

闻外议，只当自修自省。

程子曰："省躬克己不可无，亦不可常留在心作悔。"盖常留在心作悔，则心体为所累，而不能舒泰也。

潜修不求人知，理当如此。

汲汲自修不及，何暇责人。不自修而责人，舍其田而耘人之田也。

张子曰："学至于不责人，其学进矣。"此言当身体而力行之。愚屡言及此而不厌其烦者，亦欲深省而实践之也。

正己者乃能正人，未有枉己者能正人者也。

既往之非不可追，将来之非不可作。此吾之自省也。

卫武公、蘧伯玉皆以高年而笃于进修，诚可为后世法。

常存不如人之心则有进。

卫武公年九十五，犹作懿戒以自警。

孔子曰：“焉用杀！”《论语》二十篇，无以杀字论为政者。圣人之仁心大矣。

《论语》一书，未有言人之恶者。熟读之，可见圣贤之气象。

人之威仪，须臾不可不严整，盖有物有则也。

心每有妄发，即以圣贤之言制之。

孔子言有恒者难见。验之人，信然。

不能动人，惟责己之诚有未至。

不怨天，不尤人，理当如是。

颜子终日不违如愚。喋喋多言，而能存者寡矣。

“恕”字用之不尽。

不迁怒工夫甚难。惟尝用力者知之，然亦不可不勉。

欲寡其过而未能之意，时时不可忘。此实修之要也。

清三韩梁瀛侯《日省录》选

题 记

余既选录《读书录》一卷，今夏披阅三韩梁氏《日省录》。其中警策身心之言，颇为精切。皆多年阅历有得，而后笔之于书者。故亦选录一卷，奉于座右，以资修省。梁氏之书，为编集前贤嘉言而成，非一家之言也。己巳初秋贤瓶道人书。

唐尧戒云：“战战栗栗，日谨之一日。人莫踬于山，而踬于垤。”

武王书《履》云：“行必履正，无怀侥幸。”

有书《锋》云："忍之须臾，乃全汝躯。"

又《衣铭》云："桑蚕苦，女工难，得新绢，故后必寒。"

《金人铭》云：

"古之慎言人也，戒之哉！戒之哉！无多言，多言多败。无多事，多事多患。安乐必戒，无行所悔。勿谓何伤，其祸将长。勿谓何害，其祸将大。勿谓不闻，神将伺人。焰焰不灭，炎炎若何？涓涓不壅，终为江河。绵绵不绝，或成网罗。毫末不札，将寻斧柯。诚能慎之，福之根也。口是何伤，祸之门也。强梁者不得其死，好胜者必遇其敌。盗憎主人，民怨其上。君子知天下之不可上也，故下之。知众人之不可先也，故后之。温恭慎德，使人慕之。执雌持下，人莫逾之。人皆趋彼，我独守此。人皆惑之，我独不徙。内藏我智，不示人技。我虽尊高，人莫我害。江海虽左，长于百川，以其下也。天道无亲，常与善人。戒之哉！”

勿谓善小而不为，勿谓恶小而为之。

人生一日，或闻以善言，见一善行，行一善事，此日方不虚生。

有一言而伤天地之和，一事而折终身之福者，切须检点。

耳中常闻逆耳之言，心中常有拂心之事，才是进德修业的砥石。若言言悦耳，事事快心，便把此身埋在鸩毒中矣。

薛文清曰：

“心如镜，敬如磨镜。镜才磨，则尘垢去而光彩发。心才敬，则人欲清而天理明，识得破，忍不过。说得硬，守不定。笑前辙，忘后跌。轻千乘，豆羹竞。讳疾忌医，掩耳盗铃。论人甚明，视己甚昧。得时夸能，不遇妒世。此人情之通患也。”

无事，便思有闲杂妄想否。有事，便思有粗浮意否。得意，便思有骄矜辞色否。失意，便思有怨望情怀否。

天薄我以福，吾亨吾道以通之。天且奈我何哉！

变化气质，居常无所见。惟当利害，经变故，遭屈辱，平时愤怒者，到此能不愤怒，忧惶失措者，到此能不忧惶失措。始有得力处，亦便是用力处。

英气甚害事，浑涵不露圭角最好。

人虽至愚，责人则明。虽有聪明，恕己则昏。常以责人之心责己，恕己之心恕人，不患不到圣贤地位。

语人之短不曰直，言人之恶不曰义。

人人赋性，岂容一例苛求；事事凭天，未许预先打算。

毋以小嫌疏至亲，毋以新怨忘旧恩。

马援《戒子书》曰：“吾欲汝曹闻人过失，如闻父母之名，耳可得闻，口不可得言也。”

林退斋官至尚书，临终，子孙跽请曰：“大人何以训子孙？”公曰：“若等只要学我吃亏。”

人家最不要事事足意，常有些不足处便好。人家才事事足意，便有不好事出来，亦消长之理然也。

君子于人，当于有过中求无过，不可于无过中求有过。

忠厚君子，刻薄小人，分途只在一心。

水至清则无鱼，人至察则无徒。

盛喜中勿许人物，盛怒中勿答人简。

御寒莫若重裘，止谤莫若自修。

一切顺逆得丧毁誉爱惜，要知宇宙古今圣贤凡民都有的，不必辄自惊异。

莫大之祸，起于须臾之不忍，不可不谨。

少陵诗云：“忍过事堪喜。”

娄师德戒其弟曰：“吾甚忧汝与人相竞。”

弟曰：“人唾面，亦自拭之。”师德曰：“凡人唾汝，是其人怒，汝拭之，是逆其心，何不待其自干。”

伊川见人论前辈之短曰：
“汝且取他长处。”

晚晴集

《晚晴集》，乃弘一大师1941年夏（时年六十二岁）掩关福林寺，集佛经、祖语、警句一〇二则编集所成。共一〇一条，前四十九条为上卷，后为下卷。弘一大师学佛“以华严为境，以四分律为行，导归净土为果”。

《晚晴集》第一条以忏悔发心为始，最后一条为念佛净土，可谓融贯弘一大师毕生佛学之精髓！

若失本心，即当忏悔，忏悔之法，是为清凉。

——金刚三昧经

菩萨若能随顺众生，则为随顺供养诸佛。若于众生尊重承事，则为尊重承事如来。若令众生生欢喜者，则令一切如来欢喜。

——华严经普贤行愿品

我若多嗔及怨结者，十方现在诸佛世尊皆应见我，当作是念：云何此人欲求菩提而生嗔恚及以怨结？此愚痴人，以嗔恨故，于自诸苦不能解脱，何由能救一切众生？

——华严经修慈分

迦叶白佛：我等从今，当于一切众生生世尊想。若生轻心，则为自伤。佛言：善哉快论。

——首楞严三昧经依宝王论节文

应代一切众生受加毁辱，恶事向自己，好事与他人。

——梵网经

离贪嫉者能净心中贪欲云翳，犹如夜月，众星围绕。

——理趣六波罗蜜多经

生死不断绝，贪欲嗜味故，养怨入丘冢，虚受诸辛苦。

——大宝积经富楼那会

是身如掣电，类乾闼婆城，云何于他人，数生于喜怒？

——诸法集要经

嗔恚之害则破诸善法，坏好名闻，今世后世，人不喜见。

——佛遗教经

行少欲者，心则坦然，无所忧畏，触事有余，常无不足。

——佛遗教经

身语意业不造恶，不恼世间诸有情，正念观知欲境空，无益之苦当远离。

——有部律周利槃陀伽尊者，三月不能诵得，即此伽陀也

名誉及利养，愚人所爱乐，能损害善法，如剑斩人头。

——有部律

世间色声香味触，常能诳惑一切凡夫，令生爱着。

——智者大师

嗔是失佛法之根本，坠恶道之因缘，法乐之冤家，善心之大贼，种种恶口之府藏。

——智者大师

凡夫学道法，唯可心自知，造次向他道，他即反生诽。谛观少言说，人重德能成，远众近静处，端坐正思惟。但自观身行，口勿说他短，结舌少论量，默然心柔软。无知若聋盲，内智怀实宝，头陀乐闲静，对修离懈惰。

——道宣律师

处众处独，宜韬宜晦，若哑若聋，如痴如醉，埋光埋名，养智养慧，随动随静，忘内忘外。

——翠严禅师

我且问你，忽然临命终时，你将何抵敌生死？须是闲时办得下，忙时得用，多少省力。休待临渴掘井，做手脚不迭，前路茫茫，胡钻乱撞。苦哉苦哉。

——黄檗禅师

鼻有墨点，对镜恶墨，但揩于镜，其可得耶？好恶是非，对之前境，不了自心，但尤于境，其可得耶？洗分别之鼻墨，则一镜圆净矣。万境咸真矣。执石成宝矣。众生即佛矣。

——飞锡法师

修行人大忌说人长短是非，乃至一切世事非干己者，口不可说，心不可思。但口说心思，便是昧了自己。若专炼心，常搜己过，哪得工夫管他家屋里事？粉骨碎身，唯心莫动。收拾自心如一尊木雕圣像坐在堂中，终日无人亦如此，幡盖簇拥香花供养亦如此。赞叹亦如此，毁谤亦如此。修行人常常心上无事，时时刻刻体究自己本命元辰端的处。

——盘山禅师

元无我人，为谁贪嗔？

——圭峰法师

报缘虚幻，不可强为。浮世几何，随家丰俭。苦乐逆顺，道在其中。动静寒温，自愧自悔。

——佛眼禅师

学道人逐日但将检点他人底工夫，常自检点，道业无有不办，或喜或怒或静或闹，皆是检点时节。

——大慧禅师

化人问幻士，谷响答泉声，欲达吾宗旨，泥牛水上行。

——永明禅师

千峰顶上一茅屋，老僧半间云半间，昨夜云随风雨去，到头不似老僧闲。

——归宗芝庵禅师

过去事已过去了，未来不必预思量；只今便道即今句，梅子熟时栀子香。

——石屋禅师

即今休去便休去，若觅了时无了时。

——云峰禅师

琐琐含生营营来去者，等彼器中蚊蚋，纷纷狂闹耳。一化而生，再化而死，化海漂荡，竟何所之？梦中复梦，长夜冥冥，执虚为实，曾无觉日，不有出世之大觉大圣，其孰与而觉之欤？

——仁潮禅师

纵宿业深厚，不能顿断，当方便制抑，自劝自心。

——妙叶禅师

放开怀抱，看破世间，宛如一场戏剧，何有真实?

——莲池大师

达宿缘之自致，了万境之如空，而成败利钝，兴味萧然矣。

——莲池大师

伊庵权禅师用功甚锐。至晚，必流涕曰：今日又只恁么空过，未知来日工夫如何?师在众，不与人交一言。

——莲池大师

畏寒时欲夏，苦热复思冬，妄想能消灭，安身处处同。草食胜空腹，茅堂过露居，人生解知足，烦恼一时除。

——**莲池大师**

人之过恶深重者，亦有效验。或心神昏塞转头即忘，或无事而常烦恼，或见君子而赧然消沮，或闻正论而不乐，或施惠而人反怨，或夜梦颠倒，甚则妄言失志，皆作孽之相也。苟一类此，即须奋发，舍旧图新，幸勿自误！

——**袁了凡**

只“强顺人情，勉就世故”八个字，误却你一生大事。道业未成，无常至速！急宜敛迹韬光，一心向道，不得再误！

——**《西方确指》**

深潜不露，是名持戒，若浮于外，未久必败。有口若哑，有耳若聋，绝群离俗，其道乃崇。

——《西方确指》

种种恶逆境界，尽情看作真实受益之处。名利、声色、饮食、衣服、赞誉、供养种种顺情境界，尽情看作毒药毒箭。

——蕅益大师

将身心世界全体放下，作一超方特达之观。

——蕅益大师

善友罕逢，恶缘偏盛，非咬钉嚼铁，刻骨镂心，何以自拔哉？

——蕅益大师

何不趁早放下幻梦尘劳，勤修戒定智慧？

——蕅益大师

勿贪世间文字诗词而碍正法！勿逐悭、贪、嫉妒、我慢，鄙覆习气，而自毁伤！

——蕅益大师

内不见有我，则我无能；外不见有人，则人无过；一味痴呆，深自惭愧！劣智慢心痛自改革！

——蕅益大师

篱菊数茎随上下，无心整理任他黄，后先不与时花竞，自吐霜中一段香。

——诵帚禅师

从今以后，愿遁世不见知而不悔，作一斋公斋婆，向厨房灶下安隐过日，今生不敢复作度人妄想。

——彭二林

幸赖善缘得闻法要，此千生万劫转凡成圣之时。尚复徘徊歧路，乍前乍却，则更历千生万劫，亦如是而止耳！况辗转沦陷，更有不可知者哉？

——彭二林

轮转生死中，无须臾少息，犹复熙熙如登春台，曾不知佛与菩萨为之痛心而惨目也。

——彭二林

汝信心颇深，但好张罗及好游、好结交，实为修行一大障，祈沉潜杜默，则其益无量。戒之！

——印光大师

汝是何等根机，而欲法法咸通耶？其急切纷扰，久则或致失心。

——印光大师

当主敬存诚，于二六时中，不使有一念虚浮怠忽之相，及与世人酬酢，唯以忠恕为怀，则一切时，一切处，恶念自无从而起。

——印光大师

直须将一个死字挂到额颅上。

——印光大师

若善男子、善女人，闻说净土法门，心生悲喜，身毛为竖如拔出者，当知此人，此过去宿命已作佛道来也。

——无量清净平等觉经依迦才净土论引文

汝今亦可自厌生死老病痛苦，恶露不浮，无可乐者！

——无量寿经

无忧恼处，我当往生，不乐阎浮提浊恶世也。

——观无量寿佛经

才有病患，莫论轻重，便念无常，一心待死。

——善导大师

我未曾见闻，慈悲而行恼，互共相嗔恚，愿生阿弥陀。若人如恒河，恶口加刀杖，如是皆能忍，则生清净土。

——诸法无行经

生宏律范，死归安养，平生所得，唯二法门。

——灵芝元照律师

凡闻恶声，则念阿弥陀佛以消禳之，愿一切人不为恶行。凡见善事，则念阿弥陀佛以赞助之，愿一切人皆为善行。无事则默念阿弥陀佛，常在目前，便念念不忘。能如此者，其于净土决定往生。

——王龙舒

人生能有几时？电光眨眼便过！趁未老，未病，抖身心，拨世事；得一日光景，念一日佛名；得一时工夫，修一时净业；由他命终，我之盘缠预办，前程稳当了也。若不如此，后悔难追！

——天如禅师

如就刑戮，若在狴牢，怨贼所追，水火所逼；一心求救，愿脱苦轮。

——天如禅师

于此土声色诸境，作地狱想、苦海想、火宅想。诸宝物作苦具想。饮食衣服，如脓血铁皮想。

——妙叶禅师

此界释迦已灭，弥勒未生，贤圣隐伏。众生奔波苦海，犹失父之儿，若不以极乐愿王为归，谁为救护？

——妙叶禅师

闻教便行，奚待更劝？

——妙叶禅师

惟名闻利养，甜爱软贼，及嗔心嗔火，虽有佛力，不能救焉！行者当深加精进，以攘却之！

——妙叶禅师

又复当护人心，勿使夸嫌，动用自若；息世杂善，不贪名利，将过归己，捐弃伎能，惟求往生。

——妙叶禅师

娑婆有一爱之不轻，则临终为此爱所牵，矧多爱乎？极乐有一念之不一，则临终为此念所转，矧多念乎？

——幽溪法师

若生恩爱时，当念净土眷属无有情爱，何当得生净土？远离此爱。若生嗔恚时，当念净土眷属无有触恼，何当往生净土？得离此嗔。若受苦时，当念净土无有众苦，但受诸乐。若受乐时，当念净土之乐，无央无待。凡历缘境，皆以此意而推广之，则一切时处，无非净土之助行也。

——幽溪法师

如何说得娑婆苦？苦事纷纷等猬毛！

——西斋禅师

当屏人独处，自办道业，以设像为师，经论为侣。

——袁宏道

五浊恶世，寒热苦恼，秽相熏炙，不容一刻居住。

——袁宏道

问：人不信净土，恐只是本来福薄？

答：此言甚是！

——莲池大师

余下劣凡夫，安分守愚，平生所务，惟是南无阿弥陀佛六字。今老矣！倘有问者，必以此答。

——莲池大师

当生大欢喜，切勿怀忧恼，万缘俱放下，但一心念佛。往生极乐国，上品莲花生，见佛悟无生，还来度一切。

——莲池大师

世情淡一分，佛法自有一分得力。娑婆活计轻一分，生西方便有一分稳当。

——藕益大师

弹指归安养，阎浮不可留。

——蕅益大师

归命大慈父，早出娑婆关。

——蕅益大师

世之最可珍重者，莫过精神；世之最可爱惜者，莫过光阴；一念净即佛界缘起，一念染即九界生因，凡动一念即十界种子，可不珍重乎？是日已过，命亦随减，一寸时光即一寸命光，可不爱惜乎？苟知精神之可珍重，则不浪用，则念念执持佛名。光阴不虚度，则刻刻薰修净业。

——彻悟禅师

悲哉众生！欲念未除，道根日坏。佛之视汝，将何以堪？

——彭二林

子等归向极乐，全须打得一副全铁心肠，外不为六尘所染，内不为七情所锢，污泥中便有莲花出现也。

——彭二林

莲花种子，荣悴由人。时不相待，珍重！珍重！

——彭二林

上品见佛速，下品见佛迟，虽有迟速异，终无退转时。参禅病着相，念佛贵断疑，实实有净土，实实有莲池。

——张守约

念阿弥陀佛，正觉圆满之名；观极乐世界，清净庄严之相。如此滞着，只怕未能切实；果能切实，则世间种种幻化妄缘，自当远离。

——悟开禅师

随忙随闲，不离弥陀名号，顺境逆境，不忘往生西方。

——印光法师（以下悉同）

诚与恭敬，实为超凡入圣，了生脱死之极妙秘诀。

业障重、贪嗔盛、体弱、心怯，但能一心念佛，久之自可诸疾咸愈。

佛固不见弃于罪人，当承兹行以往生耳。

须信娑婆实实是苦，极乐实实是乐，深信佛言，了无疑惑。

应发切实誓愿，愿离娑婆苦，愿得极乐乐。其愿之切，当如堕厕坑之急求出离，又如系牢狱之切念家乡，己力不能自出，必求有大势力者提拔令出。

业识未消，三昧未成，纵谈理性，终成画饼。

入理深谈，且缓数年！

一句南无阿弥陀佛，只要念得熟，成佛尚有余裕！不学他法，又有何憾？

汝虽于净土法门，颇生信心；然犹有好高骛胜之念头，未能放下，而未肯以愚夫愚妇自命。

其有平日自命通宗通教，视净土若秽物，恐其污己者；临终多是手忙脚乱，呼爷叫娘。

汝妄想之心遍天遍地，不知息心念佛，所谓向外驰求，不知返照回光。

今见好心出家在家四众，多是好高骛远，不肯认真专修净业，总由宿世善根浅薄，今生未遇通人。

当今之时，其世道局势，有如安卧积薪之上，其下已发烈火，尚犹悠忽度日，不专志求救于一句佛号，其知见之浅近甚矣。

心跳恶梦，乃宿世恶业所现之兆。然现境虽有善恶，转变在乎自己，恶业现而专心念佛，则恶因缘为善因缘。

当恪守净宗列祖成规，持斋念佛，改恶修善，知因识果，植福培德，以企现生消除业障，临终正念往生，庶不虚此一生，及亲为如来弟子耳。

但当志心念佛，以消旧业，断不可起烦躁心，怨天尤人。

具缚凡夫，若无贫穷疾病等苦，将日奔驰于声色名利之场而莫之能已。谁肯于得意烜赫之时，回首作未来沉溺之想乎？

欲得佛法实益，须向恭敬中求，有一分恭敬，则消一分罪业，增一分福慧。

念佛要时常作将死、将堕地狱想，则不恳切亦自恳切，不相应亦自相应，以怖苦心念佛，即是出苦第一妙法，亦是随缘消业第一妙法。

末法众生，无论有善根无善根，皆当决定专修净土；善根有，固宜努力，无，尤当笃培。

汝须自知好歹，修行要各尽其分，潜修默契方可，急急改过摄心念佛。

——印光法师

寒笳集

又名《蕅益大师警训略录》

壬戌（1922）之岁，尝依《灵峰宗论》摭写警训一卷，颜曰《寒笳集》。辛未（1931）仲秋，又为核纂，题曰《蕅益大师警训略录》。今复改集，并存二名。掔录之意，惟以自惕，故于嘉言多有阙遗。后之贤者，幸为增订焉。于时后二十二年（1933），岁次癸酉四月，学南山律于禾山万寿岩。晋水瓔珞院沙门善臂集。

法语

一

（上略）应以猛切心治姑待心，常念时不待人，一蹉便成百蹉；以殷重心治轻忽心，一言有益于己，便应着眼铭心；以深广心治将就心，期待誓同先哲，举措莫类时流。三若缺一，学道难矣。

二

流俗知见不可入道，我慢习气不可求道，未会先会不可语道，宴安怠惰不可学道，顾是惜非不可谋道，自信己意不可问道，舍动求静不可养道，弃教参禅不可得道，依文解义不可会道，欲速喜近不可悟道，隔小于大不可见道，执秽为净不可知道，厌常喜新不可趋道，乐简畏繁不可明道，将就苟且不可修道，得少为足不可证道。惟超群拔俗，谦己虚心；忍苦捍劳，亲近知识；触处体会，以教印心；广大悠久，事理双备；栖神净域，履蹈典型；博通古今，特达勇锐；深心无极，誓穷法海源底（以上二行之文与前段对之，其义相反可知），乃真实男子、出世丈夫。

三

夫比丘者，体预僧宝之尊，职绍佛法之种，须超群拔俗，迥脱流俗知见，方无愧厥名。倘故辙不改，则一举一动罪案如山。一旦业风吹去，袈裟下失却人身，苦中之苦。人间五十年，四王天一昼夜，有何实法可恋？若不急寻出要，宁唯一错百错，尘沙劫数，未有了期。血性汉子，能勿悚然在念乎？

四

有出格见地，方有千古品格；有千古品格，方有超方学问；有超方学问，方有盖世文章。今文章、学问不从立品格始，品格不从开见地始，是之楚而北其辕也。呜呼！习俗移人，贤智不免，狃一时耳目，忘旷劫因缘。非以理夺情，以性违习，安能洞开见地，使文章、事业一以贯之也哉！

五

习气不除，无出生死分。然习气熏染，非一朝一夕之故，不痛加锥拶，何由顿革？须猛念身世无常，幻缘虚假，人道难生，佛乘难遇。失此不求度脱，千生万劫何期？便将是非人我，体面界墙，身见慢幢，爱染情性，全体放下，不复踌躇。将如来出世要法，彻底承当，爱乐受持，精勤趋向。自然福慧增长，日造深微。（下略）

六

（上略）今时释子，只图作宗、法、律师，设无出头一着，虽顿超佛地者亦不顾矣。本发心，原非为菩提大道，旷劫远猷。故一受戒，兢兢钵杖表相；一听讲，孜孜消文为事；一参禅，念念机锋是务。至应期、禁足、闭关等，皆百年活计、人世公案，本分事千万重矣。彼于微妙佛道，仅从经本上依稀闻解，未尝亲知灼见，终属半信半疑。于眼前活计，未尝谛观三界空、苦、无常，终觉放他不下。虽学成语，陵驾佛祖，实一时高兴，或初生牛犊不畏虎，或童竖戏剧自称天王，未尝以佛祖自期也。间有发胜志者，不能到底唯为菩提一事，或被名利改节。虽云渐变初心，仍是因中夹带，不可不慎思而痛励也。

七

（上略）倘名关未破，利锁未开，借言弘法利生，止是眼前活计。一点偷心，万劫

缠绕。纵透尽千七百公案，讲尽三乘十二分教，兴崇梵刹如给孤独园，广收徒众如无相好佛。无明业识不断，俱为自诳自欺。（下略）

八

悲智相应，名菩提心，发此心已，方得无作戒。又须二六时，常自省察，念念相应，即念念成佛，稍不合，便于菩萨戒得失意罪。在慎思而力行之。

九

有三障，能败戒德，使信心退没：一瞋恚，横于自他而生恼害；二我慢，于诸僧宝而生轻忽；三懈怠，于诸妙法不肯学习。三法有一，牵入恶道，忘失信心。

十

（上略）若的确求出生死、证菩提，先将近时禅讲流弊，尽情识破；自己从来杜撰主意，尽情放舍；软暖习气，尽情打扫干净；梦幻身命，尽情拌得抛得；种种恶逆境界，尽情看作真实受益之处；名利声色、饮食衣服、赞誉供养，种种顺情境界，尽情看作毒药毒箭。（中略）又身见重者，宜苦行消之；贪爱强者，宜苦境炼之；人我山高者，逆缘挫之；体面心重者，忍辱治之。（下略）

十一

讨究佛法，第一要务。诸佛所师，所谓法也，况弟子乎？虽胜义法性，贵在亲证，倘非黄卷赤牍作标月指，示真实修行出要，何由得证胜义？试观外道亦出家求出生死，不知正法，求升反坠。故不留心教典，饶勇猛精进，定成魔外。胁尊八十出家，昼观三藏，夜习禅思，乃有济。有谬云：“年少力强宜习教典，年衰力弱只堪念佛。”岂年少不必念佛，年老不可习教？将谓如来教法，仅同举子业，博名利于半生者乎？一历耳根，永为道种，大士所以舍全身求半偈也。今佛法流布，赖迦叶、阿难二祖彻底悲心，人皆视作等闲，殊不知恒沙世界、无量劫中，妙法名字不可得而闻也！

十二

示阅藏四则

（一）须体如来说法本意，要人超生脱死，非为口耳活计。句句消归自心，如说修行，方不受说食数宝之诮。

（二）学问之道，贵下学上达，所以如来施教，必有次第。今人空腹高心，但图圆顿之名。无力饮河，讵能吞海？必先阅《律藏》，稔知佛世芳规，深炼为僧要务。次阅《四阿含》，了正因缘境，为圆妙三观之本。次留心台教，深知如来说法所以然之妙，及四悉檀巧被之致。然后将此法界匙钥，遍开不思议经论之锁，势如破竹矣。

（三）阅律，首《四分》，次《僧祇》，次《十诵》，次《根本》，次《五分》，次及《善见》、《毗尼母》等。诸家传受不同，各有源委线索，须细寻之。无执一非余，亦无犹豫两楹，在得意善用。大意如问辩所明。（散见于《毗尼事义集要》全部中）莫谓此小乘法，不足久久留心，当舍之别参上乘。是末世痴人邪慢恶见，牵人堕恶道深坑，不可信也。

（四）大小经、律、论，虽字字明珠，言言见谛。然各就习气所重，对治所宜，或随时弊不同，救拯有异。不妨摘出要语，期自利利他。如雪山无非药，采者期于对病。宝山无非宝，取之先择摩尼。只此成录，足验手眼。

十三

万法本融，由迷情执而成碍。如一指能蔽山岳，认沤必遗大海。不惟埋没己灵，亦冤屈六尘境界。讵思六尘非能惑人，人自妄惑。根根幻驰，识识纷动。仔细推求，尘既不居其咎，根亦岂职其愆？识宁独当其罪？三科分析，既无真主，纵令共合，哪有实法。而于此虚妄法中，著我著人，分取分舍。犹如捏目，乱华发生，更欲分别花相妍丑大小，不益惑乎？惟将身心世界全体放下，作一超方特达之观，譬如为天下者不顾家，则智眼昭明，一切境界无非真实受用处矣。

十四

夫幻境侵夺，不惟顺流俗而俱化也。即

厌流俗而切思远离，亦名侵夺。以一切境界，全是无明变现。无明变现之性，全即法性。由不达故，横生欣厌。趋无上菩提者，不得随顺幻境，亦不得厌离幻境。但了幻境即法性，悲长夜之在迷。以悲迷故，起无作二誓，欲拔性德之苦；以了性故，起无作二誓，欲与性德之乐。发此心已，则一切不如法境界，触目警心，无非助发菩萨资粮。《起信论》云：菩萨见法欲灭，护正法故，发菩提心；有见众生苦，而发菩提心。正谓此也。

十五

奋发之心，人皆有之，不能不借于外缘。羞恶之心，人皆有之，不能不汩于恶习。呜呼！

善友罕逢，恶缘偏盛，非咬钉嚼铁、刻骨镂心，何以自拔哉？

十六

世法惟恐不浓，出世法惟恐不淡。（中略）欲深入淡字法门，须将无始虚妄浓厚习气尽情放下，放至无可放处，淡性自得现前。淡性既现，三界津津有味境界，如嚼蜡矣。僧梦虎，惊寤，喜曰："匪梦几被虎食。"既悔曰："知是梦，何不做一人情？"噫！可醒三界之恋幻质、不知淡性者矣。

十七

世事虚幻，人命无常。当扩其眼界，劲其神虑。苦其身，毋堕宴安鸩毒坑。策其志，毋循将就苟且途辙。汰奢窒欲，积行存诚，惜福延寿，以期于大成。尔诚静坐默思，只此现前一念见闻之性，本非内外方隅，亦非有无情量，云何被此虚妄形质所局？虚妄形质，生必有灭，千般保爱，不能令其不朽。而所作幻业，如影随形，从劫至劫，不肯相离。豪杰之士，先须觑空身形非我，不过假借四大所成；心亦无相，不过因于情尘妄见生灭。便顿舍情尘，专心办道，兼律兼教，助显心源。但得悟心，万法何有？万法俱息，万法俱备矣。

十八

出世丈夫，以佛祖自期，以四弘为券，以六度万行为家常茶饭，以自利利他为的。

发一言，不足自利利他，勿言也。举一步，作一念，不足自利利他，勿举也，勿念也。事苟益身心、裨法化，必黾勉为之，虽劬劳困苦，勿恤也。否虽有浮名幻利，弗屑也。（下略）

十九

人能痛念生死事大，觑破一切世情，若顺若逆，总虚妄不实，过眼便是空花。独一念持戒、礼忏、笃信三宝之心，生与同生，死与同死。而又专求己过，不责人非，步趋先圣先贤，不随时流上下。庶几信心日固，智慧日开，而生死可永脱耳。

二十

听法须观心，书写须解义。然解义正不

必强加穿凿，亦不徒循章摘句。但至诚读诵，展卷如对活佛，收卷如在目前，千遍万遍，沦骨浃髓，寤寐不忘。缘因既深，一十二、千七百，无不一串穿却也。得此消息，便知吾言不诬。

二一

世人谈及生死，鲜不悚虑。往往不能真为生死者，眼前活计放不下耳。然所以放不下者，只不曾彻见生死之苦。以从来为俗、为僧，皆向顺境中挨过，故畏三界心，自然发得不真切。倘以远大慧眼，旷观无始轮回，痛念此生果从何来，死后当至何趣？前际茫茫，后际墨墨，饶铁石心肠，必为惊怖。然后依正教，开圆解，起圆行，敢保十人有五双到家。最惧因地不真，道眼昏暗，或为世味所牵，或为邪师伪法所误，袈裟下失却人身。此予所以俯仰时流，而瘖瘂永叹也！

二二

具参方志，尤须具参方眼。具参方眼，还须不忘参方志。参方志者，不为虚名，图体面，博一知半见；发无上大菩提心，遍学一切法门，无厌无足。参方眼者，末世师匠，邪正难分；今自卓立，不论宗、教，但与出生死相应、名利不相应，大菩提相应、眼前活计不相应者，则为正，反此则为邪，正则依，邪则舍。具眼不忘参方志者，本求无上菩提，虽邪正分明，不妄生憎爱，善吾师，不善吾资，但随缘触境，增长道心智眼而已。此本分中最要紧事，其余丛林粥饭习气，万万不宜沾染，亦不必厌恶也。

二三

超生脱死法门，不可以聪明凑泊，不可以意气承当，不可以情见夹杂，不可以粗疏领会。先须专求己过，无责人非，见贤思齐，见恶内省，法法消归自心，时时警策自心，将定盘星认得清楚明白，然后看经可，坐禅可，营福可。如眼目未明，存心未笃，则看经必堕口耳活计，坐禅必堕暗证深坑，营福必成魔家伴侣。纵福慧双修，教观并进，而我心未忘，能所日炽，其为修罗眷属无疑。所宜慎思而密察也。

二四

履三宝地，具出世仪，皆多劫善种，况闻正法乎！宁国一老者，种福五十余年，求来世作烧火僧不可得。而听经白鸽，转身为戒环禅师，闻法功德超胜如此。人生几何，少壮忽老，老忽乌有，且盛年夭横者无数。一息才断，孤魂无侣，生平恶业无不随身。何不趁早放下幻梦尘劳，勤修戒定智慧。息心达本源，乃号为沙门。不然，堂堂僧相，多劫勤修而得之，一旦藐视而失之，能无憬哉！

二五

（上略）每见人冗中偷闲，吟诗习字，作种种清课。岂不能偷闲玩大乘，息心学定慧耶？彼于诗字得少幻味，未尝于大乘定慧得真法味也，然纵不得味，亦为无上菩提而作种子。且幼时诗字，亦向不得味中来，安知佛法渐熏习，不于现身得受用耶？嗟嗟！人之精神，用之诗字，吾见右军、李、杜，不出生死；用之佛法，吾见散乱艳喜、愚痴特迦，大事已办。

二六

发心应学二事：一智慧，二慈悲方便。欲学智慧，莫若读诵大乘方等经典，深解义趣，随文入观，不堕嚼木之讥，不招数宝之诮。又数近明师良友，讨究决择，不可师心自是。欲学慈悲方便，须深信一切众生皆有佛性，定当作佛，见僧俗造恶者，勿生轻慢，须怜悯爱念，种种善巧而回护接引之。倘恃已修，见不修行，便生忽慢；自持戒，慢破戒者；自读诵大乘，慢无闻者；自解义，慢愚鲁者；自观心，慢口说者，人我山高，胜负情重，毕生勤苦，止成修罗法界，去菩萨道远矣。

二七

三界之中，无非牢狱，暂时快乐，终归无常。众生燕雀处堂，罕思出离，惟逆境当前，庶几生远离之心。故佛称八苦为八师，非虚语也。（下略）

二八

佛法之衰也，名利熏心，簧鼓为事。求一真操实履者，殆不可得。有能持戒精进，读诵大乘，不驰世务，纵道眼未开，亦三世诸佛所叹许也。况了必借缘，非持戒、读诵，何处得有道眼？今讲家多忽律行，禅门并废教典，门庭愈高，邪见益甚。（下略）

二九

学不难有才，难有志。不难有志，难有品。不难有品，难有眼。惟具超方眼目，不被时流笼罩者，堪立千古品格。品立则志成，志成才得其所用矣。末世竞逐枝叶，罕达本源。谁知朝华易落，松柏难凋。才志之士，奈何甘舍大从小哉？莫大于现前一念，诚能直下观察，知其无性，则决不妄认四大为自身相、六尘缘影为自心相。身、心二妄既消，不真何待？然后以此真解，历一切法，俾尽净虚融，无尘影垢习可得，还淳复素，道风竖穷横遍矣。但一念未瞥，使百年活计萦怀，眼下虚名惑志，吾恐天真日漓，负美才好志不浅也。

三十

极聪明人，反被聪明误，所以不能念佛求生西方。而愚人、女子，反肯心厌娑婆苦，深求出离。当知彼是真愚痴，此乃大智慧，好恶易分，莫自昧也。（中略）吾劝汝咬钉嚼铁，信得西方及，切切发愿，持戒修福以

资助之。“无禅有净土，万修万人去，但得见弥陀，何愁不开悟。”此千古定案，汝不须疑。（下略）

三一

尅佛知佛见无他，众生现前一念心性而已。现前一念心性，本不在内、外、中间，非三世所摄，非四句可得。只不肯谛审谛观，妄认六尘缘影为自心相，便成众生知见。若仔细观此众生知见，仍不在内、外、中间诸处，不属三世，不堕四句，则众生知见，当体元即佛知佛见矣。倘不能直下信入，亦不必别起疑情，更不必错下承当，只深心持戒、念佛。果持得清净、念得亲切，自然蓦地信去，所谓更以异方便，助显第一义也。（中略）偈曰：众生知见佛知见，如水结冰冰还泮。戒力春风佛日晖，黄河坼声震两岸。切莫痴狂向外求，悟彻依然担板汉。

三二

克除习气，莫若三业行慈。三业行慈，则无十过。十过既除，十善斯在，而五乘之本立矣。然后以实相印之，法法皆归佛道。古有行之，常不轻菩萨是也。初随喜品便净六根，何俟诵、说，方名深观？果能以慈修业，自能善入佛慧。不然，学问愈多，我慢愈炽，习气愈长，去道愈远。惟益多闻，增长我见，可惧也。

三三

学道不难伶俐，难于慎重。发心不难勇锐，难于坚久。涉世不难矫俗，难于自持。作事不难敏达，难于深忍。研义不难领解，难于精确。（下略）

三四

世情淡一分，佛法自有一分得力；娑婆活计轻一分，生西方便有一分稳当。此事只问心，不必问知识也。知识亦劝淡世情，轻活计，专修出要耳。天平一头低，一头必昂。虽巧识强捻，不得腰缠十万贯，骑鹤上扬州。汉武、秦皇，不能扭作一句，况下者乎？

三五

世出世事，莫不成于慈忍，败于忿躁。故君子以慈育德，以忍养情。德育，天地万物皆归我春风和气之中；情养，乖戾妖孽皆消于光天化日之下。然后以之自成，则为净满自尊；以之成物，则为慈力悲仰。倘一念瞋起，百万障生；小不能忍，大谋斯乱。况今刀兵劫浊，不过积恚所招；世局土崩，皆无远虑所致。士生斯世，宜何如努力以障狂澜也！

三六

学道与学好不同。学好只得世间虚名，学道贵得出世实益。学好只顾眼前局面，学道须明尘劫远猷。尘劫远猷，不离眼前，而恋却眼前，顿昧尘劫。惟达士直观眼前一刹那性，非生灭，无去来，了不可得，安有身世自他可拘可恋？然后观同体积迷，兴无缘弘誓。苟不足自利利他者，举世趋之弗屑为；果能自利利他，世共非之弗敢怨。是谓学道，亦真学好者矣。

三七

学道之人，骨宜刚，气宜柔；志宜大，胆宜小；心宜虚，言宜实；慧宜增，福宜惜；虑宜远，思宜近；事上宜虔，接下宜谦，处同辈宜退让；得意勿恣意奢侈，失意勿抑郁失措。作福莫如惜福，悔过莫如寡过，应念身世苦空，切莫随流逐队。衣取蔽形，莫贪齐整；食取克馁，莫嗜美味。尝省此世前生作何功行，可坐享檀施？十二时恒简点身口意业，善多耶？恶多耶？无记多耶？堪消四事耶？不堪耶？如此惭愧觉悟修省，自然习气渐消，智光渐露。祖意、佛意，显于一念清净心中矣。

三八

（上略）嗟嗟！不与菩提大心相应，云代佛扬化，吾不信也。不与为生死心相应，云大菩提心，尤不信也。胜负情见不忘，仅成阿修罗法界；名利眷属意念不忘，仅成三途魔罗种子。随其所见所闻而起法执，不能舍弃名言习气，不达如来说法旨趣，不知种种四悉因缘，仅成凡外戏论窠窟。学问益多，害心益甚。学人益盛，正法益衰。吾所以每一念及，未尝不梦寐痛哭者也！

三九

学道贵有品格，有识量，而文字记问不与焉。有品格无识量，不足旷超千古，犹无品格也。有识量，无品格，不足砥柱中流，犹无识量也。品格、识量既具，则不被眼前活计所局、时流习气所迁，纵钝若般陀，而“拂尘除垢”四字义熟，便堪证沙门果，发无碍辩，况本解文义者哉？呜呼！法门之衰，至今日不忍言矣。剥必复，否必泰，若要梅花香扑鼻，还他彻骨一番寒。豪杰之士，宜何如动心忍性以无负己灵也！

四十

法门之衰，已非一日。而致衰之故，由因地不真。今人发心参学，罔不以扶持法门为志。及察其所谓扶持者，不过曰开丛林，建梵刹，攒指五千、一万；灾梨杀青无虚日，嗣子皆才华名世，美丰神。座下戒子，钵杖围绕数十匝；剃度徒众，环里市而处如错星；乃至紫绶金鱼，乘高车肥马，往来山林间，络绎不绝而已。故下手时，便从世谛流布中着眼，便向门庭施设处安排，而佛祖真命脉，遂为此等人埋没殆尽。五霸者，三王之罪人，谅哉！（下略）

四一

寿者福之本也，福者慧之基也。念念思警策者，慧之萌，而福与寿之源也。故曰：常想病时，则尘心渐灭；常想死时，则道念自生。夫病、死正现前时，有何我相可恃，五欲可贪？有何名可恋，古董之可携去？不恃我相，我见伏矣；不贪五欲，烦恼降矣；不恋虚名，体面可放下矣；知古董之不可携去，则不越分以求之，纵先有者亦可舍之以作福矣。苟能离我、我所见执烦恼，则视缁素灵蠢，无一非未来佛。既所见无非未来佛，则凡可以供养恭敬未来佛者，无弗为也；凡可以损恼忤触未来佛者，无弗止也。如此而福不增、寿不永，某舌当堕落。倘不能一切时念未来佛，则不能一切时积集福慧。福慧不积，虽侥幸活至百年，亦终与草木同腐而已。

四二

（上略）勿贪世间文字诗词，而碍正法；勿逐悭贪、嫉妒、我慢、鄙覆习气，而自毁伤。（下略）

四三

（上略）内不见有我，则我无能；外不见有人，则人无过。一味痴呆，深自惭愧；劣智慢心，痛自改革。（下略）

答问

问：

西乾列祖，三学精通。此间地僻时遥，人罕闻见，唯唐、宋来数辈宗匠，踪迹彰著。然当其水边林下，则以三条篾、一把锄，为清净自活；逮其匡徒领众，则以一日不作，一日不食，为真实芳规；至于扬化接人，则以一棒一喝，为拈提向上，俱与律学不相应。好心出家之流，由行脚入山，至登座披衣，所仿效者，无非此等。今还许从上诸祖是真比丘否？若非，何绍祖位？若是，何不遵律？又今绍祖位者例轻律学，从上诸祖亦轻视否？

又今绍祖位者不遵戒而为人授戒，从上诸祖亦为人授戒否？

答：

祖有三类。

一者严净毗尼，弘范三界。如远公、智者、左溪、永嘉、荆溪、大梅、永明、高峰、中峰、楚石等是也。古今如此知识，亦甚众多，所应景仰仿效。

二者丁兹末世，势不获已，遵佛遗命，舍微细戒。住静则刀耕火种，领众则垦土开田。然非时食等诸戒，仍自遵行。故晚用药石，不用粥饭；德山托钵，亦因视影。而此等知识，便不肯为人授戒。所以唐、宋以来，有禅、讲、律寺，初出家多学律，律有得则以律名家，无得则习讲、参禅，但舍微细戒，不舍重戒及性戒也。复有径投禅、教者，此即乘急戒缓，然亦护根本五戒，断无毁重之理。而决不敢自称比丘，轻视律学，但愧未能，以为惭德。至出世接人，或重登戒品，性遮皆净，如六祖等；或单提向上，独接一机，如寿昌等。

人问寿昌："佛制比丘不得掘地损伤草木，今何耕种芸获？"

答云："我辈只悟佛心，堪传祖意，指示当机，令识心性耳。正法格之，仅称剃发居士，何敢当比丘名？"

问：“设有如法比丘，师何以视之？”

答：“当敬如佛，待以师礼。非不为也，实未能也。”

又紫柏大师，生平一粥一饭无杂食，胁不着席四十余年，犹以未能持微细戒，终不敢为人授沙弥及比丘法，必不得已，则授五戒法耳。

嗟乎！从上诸祖，敬视律学如此，岂敢轻之。若轻律者，定属邪见，非宗匠也。（下略）

普说

一

（上略）吾今为诸昆仲彻底说破，若真为生死持戒，持戒亦必悟道；真为生死听经，听经亦必悟道；真为生死参禅，参禅亦必悟道；真为生死营福，营福亦必悟道；专修一法亦悟道，互相助成亦悟道，以因地真正故也。若想做律师受戒，想做法师听经，想做宗师参禅，想有权势营福，则受戒、听经、参禅、营福，必皆堕三恶趣。故智者大师云："为利名发菩提心，是三途因。"毫厘有差，天地悬隔，错认定盘星，醍醐成毒药。今受戒、听经、参禅、营福之士，口中亦说真为生死，心中未知生死大苦火烧眉毛，且图眼下。殊不知无始劫来，头出头没，枉受多少辛酸。即今幸得人身，幸成僧相，亦经过多少艰苦。然犹未肯猛省发心，此与燕雀处堂何异？且如今夜腊月三十，古人以喻大命尽时，何等迫切。今人且欢呼茶饮，曾不思百岁光阴尚存几许，岂不痛哉！（下略）

二

（上略）诸仁者，出生死事，大不容易。某二十四岁出家，真为生死大事，真不着一毫意见，真不用一点气魄，真不为一些名利。只因藏身不密，为一二道友所逼，功用未纯，流布太早，遂致三十年来，大为虚名所误。直至于今，发白面皱，生死大事尚未了当，言之可羞，思之可痛！所以平生誓不敢称证称祖，犯大妄语；誓不敢摄受徒众，登坛传戒；迩来并誓不应丛林请，开大法席，盖诚不肯自欺自误故也。今玄邃吴居士，普为缁素，特请开示超生脱死法门。某自实未曾超生脱死，如何可开示人？然既同在生死海中，幸于出生死法，颇知真正路头，故不妨与诸仁者平实商量最初一步。

果欲超生脱死，第一不得意见卜度，第二不得气魄承当，第三不得杂名利心。适闽之南，适燕之北，路头一错，愈趋愈远。此实言言血泪，字字痛心。只恐愁人莫向无愁说，说与无愁总不知耳。诸仁者，还知愁么？佛言："得人身者，如爪上土。失人身者，如大地土。"一口气不来，便向驴胎马腹胡钻乱撞，动经千生百劫，得出头来，知是几时？况末世邪师说法如恒河沙，一盲引众盲，相牵入火坑。故永明大师云："无禅有净土，万修万人去；有禅无净土，十人九错路。"我憨翁大师又云："今时若有禅无净，奚止十人九错，敢保十一个错在。"此皆深慈大悲，真语实语。伏愿诸仁者，莫堕狂野覆辙，直须痛念无常，信愿念佛，求生净土。此身不向今生度，更向何生度此身？珍重！

偶录

一

（上略）或曰："古人取乘急戒缓何居？"答曰："缓之云，非无也。且豪杰之士，与其急乘缓戒，堕恶道而方升；何如乘戒俱急，常近佛而无退？又因戒生定，因定发慧，急戒即急乘之阶梯。若借经教为名利本，托话头为优免牌，戒不唯缓而且废，乘虽名急而实缓，甚非古人料拣之心也。"

二

予居径山，始受一食法。有禅者曰："定共戒、道共戒是务，兹在所缓矣。"予不屑答也。呜呼！儱侗瞒盰，病通斯世。解文识义，能复几人？若在所缓，应云“定夺戒”、“道夺戒”，“共”之一字云何通？

三

因地不真，果招纡曲。何谓也？方受戒，志为律师矣；方听经，志为法师矣；方参禅，志为宗师矣。不为律师、法师、宗师，无所用其受戒、听教、参禅也。犹应院不为儭施，无用经忏；俗儒不为作宦，无用举业；娼优、隶卒不为利，无用眩色俳演、承迎趋走也。虽然，以世法图利，事虽卑，无大过也。读书规富贵，得罪宣尼矣。佛法博虚名，玷污正教矣。

四

予寓龙居。有老僧看《宝积经》，云：“若先看此经，和尚做不成。”予曰：“若不看此经，和尚做不成。”谓不成和尚法故，谓无所取于为和尚故。噫！可为知者道，难与俗人言也。

一花拈于三藏既说之后，达摩来自佛法盛行之时。龙画就，一点睛则飞去也。今龙影尚无，睛何处点？

五

予游历诸山，备览人情物态，颠倒最多，卒难悉举。且如饮食、衣服，尘劳也，惟恐不勤。持诵、礼拜，胜业也，惟恐不惰。三聚净戒，出世正因也，深厌烦琐。百年活计，生死根本也，常虞缺略。为佛法，慢幢高起；求货利，体面顿忘。乃至同一语也，谓出某经论，则弃如怨敌；谓出某语录，则爱如珍宝。世缘中事，与道无妨；律检、教门，有违向上。嘻！吾不知其所趣矣。

六

利关不破，得失惊之；名关不破，毁誉动之。既为得失、毁誉所转，犹以禅道佛法？呜呼！

七

不见己短，愚也；见而护，愚之愚也。不见人长，恶也；见而掩，恶之恶也。

八

或问予：“汝何愿？”

“愿生西方。”

“更何愿？”

“愿入地狱。”

曰：“是何心哉？”

曰：“西方则上事诸佛，地狱则下度众生。佛从弥陀始，愿王胜故。生从地狱始，悲心切故。”

九

语云：“真人前说不得假。”今也假人前说不得真，悲夫！

十

古人自牧愈卑，品愈高；今人自视愈高，品愈卑。古人自处愈小，道愈大；今人自视愈大，道愈小。古人自考愈歉，德愈完；今人自恃愈完，德愈歉。是谓不揣其本，而齐其末。

一一

小人以己之过为人之过，每怨天而尤人。君子以人之过为己之过，每反躬而责己。夫不谓人过谓己过，有四观焉：眼见恶色、耳闻恶声等，皆自业所感，非关他事故；恶境纷纷，皆唯识所现，虚幻不实故；众生烦恼无量，应度应断，己分事故；众生修恶，即是性恶，众生性恶即己性恶故。

一二

法性本常住，云何分正、像？正、像之分，全在人耳。呜呼！时丁末季，去圣时遥。为利者，十之九；为名者，十之一；为己生死发二乘心者，百千中一；为大地众生发无上心者，万万中一。此止就禅和料简耳，应院及俗人又不必言矣，佛法将安恃耶？

一三

法门有七坏相、六兴相。

何谓七坏相？

一惧命夭，知命孤，以家贫故令出家；

二避难无聊，激气求安乐故自出家；

三求清高故自出家；

四以好名故受戒；

五好名故听经；

六藏拙故参禅；

七好名故参禅。

七种虽高低不等，优劣判然，同为因地不真，坏法门一也。

何谓六兴相？

一为生死故出家；

二为大菩提故出家；

三为修行基本故受戒；

四为修行门路故听经；

五为了生死故参禅；

六为得种智故参禅。

六种虽大小不等，偏圆有殊，同为因地真正，能兴正法一也。

噫！凡吾同类，尚自考之。倘因地真，幸善自保持，俾终正而不入于邪。或因地未真，则痛自改悔，速反真而无溺于伪，庶几自救，亦救法门耳！

书

一

五夏以前，专精戒律。专精者，岂徒着衣持钵而已？律中第一要务，在常一其心，念无错乱，谓依四念处行道也。四念处慧，佛法总关。无念处慧，着袈裟如木头幡，礼拜如碓上下，六度万行皆同外道苦行，无与真修。若依念处行道，则持戒功德，现能获四沙门果，乃至圆十地，克获无难。第二要务，在洞明二百五十戒开遮持犯之致，否则二六时，既挂比丘名，当结无量罪。言之骇闻，思之丧胆。（下略）

二

圆教从名字初心，便用佛知佛见修行。豪杰丈夫具一切无明烦恼，偏向冰凌剑锋上行，非冰凌剑锋不能铸无明烦恼成菩提般若故也。天降大任，必先苦、劳、拂乱，令动心忍性。顽铁不炼不成钢，美玉不治不精莹，松柏不历岁寒不挺秀，孤臣孽子不厉熏不达。岂有粥饭习气，暖软形态，可坐进此道者？夫小小境缘，便成事障，因平日无分毫契心恰意处耳。果达妙理，则现前极恶逆事，第一玄妙，为第一明师良友。若舍此等境界，何法可修、可悟、可顿耶？兄平日学问，大率向语言文字上着眼，不向义理上体会、躬行处较勘。转得此关棙子，方是大乘净土因也。

三

豪杰立身，决以破我法二执为准的。我执不破，定不能作千古至人。法执不破，定不能弘如来正法。才魄横一世者，须开千古眼界，成千古学识，方不负己灵。否则仅同春草之荣，终非松柏之干。

四

法门不衰于无外护，衰于无内守。主持法门，先盘星立正，然后随时随力兴隆幻事，皆属普贤行门。稍涉世间名利心，佛法止成世法，深可悲也！

五

（以下二书皆嘱寄彻因比丘者）吾望公甚高，勿自卑；甚远，勿自近；甚广，勿自狭；

甚大，勿自小；甚尊，勿自亵；甚重，勿自轻；甚稳，勿自浮；甚密，勿自疏；甚微，勿自陋；甚妙，勿自粗。圣贤自期谓之高，无数尘劫谓之远，遍周刹海谓之广，超权越小谓之大，不染名利谓之尊，不轻去就谓之重，始终一致谓之稳，精察力行谓之密，穷理尽性谓之微，开佛知见谓之妙。呜呼！律门衰败，大法并危，不具前之十德，鲜克砥其颓波，勉之哉！

六

第一须依念处行道，随文入观，触事会心，心观为主，看教为助。第二须专求己过，勿责人非。第三须作出生死学问，莫作趋时学问。第四须和光同尘，幸勿矜异。

七

欲看教典，且完《玄笺》，次《十不二门详解》，次《律藏》五百卷，并《大乘律》五十卷，次《止观辅行》，次《阿含经》等诸小乘经，然后及余经论。或急于修证，唯《律藏》不可不阅，余皆随意。

八

万勿妄想出头。惟真操实履，了当生死。不得为人改法名。剃度师与受戒、教授、传法师，皆有父子之谊。改法名，是蔑剃度师也，伤理背情，无道之甚。古来知识，不闻有法派之说，奈何末世以此为亲？吾闻先受戒者在前坐，后受戒者在后坐。不闻先取名者为师兄，后取名者为师弟。既以法派为重，必以戒法为轻。叔伯弟侄，俨然与俗无异，可羞可耻，所宜痛戒！

九

不得曲媚权贵，须如达大师家风，若不能，宁死不出头。不得多收徒众、多畜沙弥、多受依止，教训不周，必有坏法之咎。切忌馈送白衣等事。切忌无耻丧心，到人家念经拜忏，渐成应赴。即檀越到山门作福，须示以佛法尊重，莫如近时丛林套子。亡比丘物，依律分与现前僧，切不可学估唱陋习。其余诸事，不能枚举，总以律为指归，则无过矣。不听吾言，非吾弟也。

十

真实比丘，寥寥无几，不知何日五比丘如法同住，一展吾外护初心。兴言至此，肝肠寸裂！所有不绝如线一脉，仅寄足下。万万珍重爱护，养德充学，以克荷之。勿为最后断佛种人，使我抱憾千秋，至嘱至嘱。远隔三千里，未审作何用心？苟不能念念与妙观相应，则失闻熏琢磨之益多矣。

一一

（上略）病是吾辈良药。消尽尘寰妄想，觑破此身虚幻，深明苦、空、无常、无我观门，皆赖有病境耳。愿宽心耐意，安忍无厌，作随缘消旧业想，转重令轻受想，代众生受苦想，正不以不如人为愧也。

一二

身病易治，心病难遣。古云：“克己须从性偏难克处克将去。”慈云大师亦云：“行人各有无始恶习，速求舍离。当自观察何习偏重，诃弃调停，取令平复，勿使行法唐丧其功。”夫恶习岂惟杀盗淫妄而已？二六时中，四威仪内，苟可动人念头者，最能折福损寿也。

一三

颠沛患难，是煅炼佛祖英灵汉一大炉鞴，能受煅炼，便如松柏历岁寒而逾坚；不受则如夏草春花，甫遇风霜，颓靡无似矣。夫松柏、花草，禀质不同，不可强也。现前一念灵明心性，岂有定质，只贵当念自立，将身心世界一眼觑破，平日晏安粥饭习气一力放下，便向刀山剑树游戏出没，有何艰险。纵身心世界情见放不下，而身心世界未尝不是空花。纵晏安粥饭习气除不得，而业运临头，何处保得晏安粥饭如意。千经万论，皆磨砻习气之具，习气不除，学问何益？不能亲明师良友、受恶辣钳锤，徒觅几部好佛法，静静闲坐，烧香啜茗而披阅之，此措大学问，尚不可为世间圣贤，况佛祖哉！佛祖可如此悠悠而得，善财、常啼，真千古极拙人矣，何为《华严》《般若》之榜样也？

一四

大丈夫出家，不拌二三生埋头彻底，辄希十年二十年后弘教扬宗，修天爵以邀人爵，终必亡而已矣。

论

非时食戒十大益论

客问杜多子曰：

吾闻杀、盗、淫、妄，名为性罪；饮酒昏迷，失智慧种；食众生肉，断大慈悲。是以如来制戒，七众同遵，固无惑焉。至于常食养身，有何过咎，而非时食戒，如此严耶？愿闻其旨。

杜多子曰：

吾正欲申斋法之要，以轨行人，时哉问也！夫斋法是十方三世诸佛弟子通行大道，出生死法之要津也。愚夫逐逐口腹，甘为饮食之人，既畏此律检，岂辨其利益？今原如来立制本意，尽善尽美，何能殚述？略而举之，大益有十：

一、断生死缘 经云："一切众生，皆因淫欲而正性命。"又云："三界众生，皆依饮食而得存活，所谓段食、触食、思食、识食。"由此观之，淫欲固生死正因，饮食乃生死第一增上缘也，均为五欲所摄。特资此毒身，借之修道，不能全断。然设得时食，尚作旷野食子肉想，何容恣意于非时耶？

二、表中道义 台宗云："午前进食，表方便道，犹似有法可得。过中不食，表除中道外更无所需。”此之理观，全托事境。倘粗戒尚不自持，非同俗人夜犹饮食放纵之不及，即同外道日啖一麻一麦之太过。行不适中，妙理何由契会？

三、调身少病 脾主信，数数食最能伤脾。故玄门以戒晚食为养生善术，岂名忍饿？

四、道业尊崇 赵州云：“二时粥饭，是杂用心处。”二时已杂，况三、四耶？儒曰：“饮食之人，则人贱之。”今恪守斋法，专精办道，道业自隆。

五、坚固戒品 晚食助火助气，增长淫心。今寂尔清净，戒体坚牢。

六、堪能修定 断其杂食乱想，身心轻利，取定不难。

七、出生智慧 晚餐助昏盖，今清净惺寂，不障观慧。又于四种食，如法作厌离想，即能断三界惑。

八、离鬼畜业 畜生午后食，鬼夜食。不持斋法，鬼畜无异，牵入其类。持此斋法，远离二趣生缘。

九、不恼檀信 谓长乞食者，设午后更复持钵，则终日但见沙门往还，必令施主生恼。今午后惟晏坐修道，能令僧俗皆安。

十、不扰行人 今时丛林晚餐，厨人惟事炊爨，终身碌碌，不异佣工。斋法若明，则无此烦扰，共修道业。

是以诸佛出世，必立此制。乃至在家居士，犹令于月六斋日，受八关斋法，以种永出因缘。况沙弥、比丘，可无惭无愧，非时受食耶？设有病苦因缘，佛自立非时浆、七日药以济之，断无以晚食为药石之理也。愿高明者，深信而力行之。

缘起

退戒缘起并嘱语

某生于万历己亥。二十四岁壬戌为天启二年，痛念生死事大，父未葬，母不养，决志出家。时紫柏尊者已寂圜中，云栖老人亦迁安养。憨山大师远游曹溪，力不能往。其余知识，非予所好。乃作务云栖，坐禅双径，访友天台。念念趋向宗乘，教、律咸在所缓。后因几番逼拶，每至工夫将得力时，必被障缘侵扰。因思佛灭度后，以戒为师，然竟不知受戒事何为如法，何为不如法。但以云栖有学戒科，遂从天台蹑冰冒雪，来趋五云，苦到恳古德法师为阿阇黎，向莲池和尚像前顶受《四分戒本》。此二十五岁，癸亥腊月初八也。甲子腊月二十一，重到云栖，受菩萨戒。乙丑春，就古吴，阅《律藏》四旬余，录出《事义要略》一本，此后仍一心参究宗乘矣。戊辰春，雪航檝公，留住龙居，再阅《律藏》一遍，始成《集要》四本。己巳春，送惺谷寿公至博山剃发。无异禅师见而喜之，即欲付梓。予曰："未可也。"是冬，同归一筹师，结制龙居，更阅律一遍订成。庚午正月初一，燃臂香，刺舌血，致书惺谷。三月尽，惺谷同如是昉公，从金陵回，至龙居，请季贤师为和尚、新伊法主为羯磨阇梨、觉源法主为教授阇梨，受比丘戒。予三阅律，始知受戒如法不如法事。彼学戒法，固必无此理。但见闻诸律堂，亦并无一处如法者。是夏，为二三友尽力讲究。不意或寻枝逐叶，不知纲要；或东扯西拽，绝不留心；或颇欲留心，身婴重恙，听不及半。其余缘众，无足责者。予大失所望。解夏后，结坛持《大悲咒》。惺谷以此书呈金台法主，随付梓人。次年，予入坛持《大悲咒》十万加被之，然已发念退休。越二年癸酉安居，作八阄供佛像前，燃香十炷，一夏持咒加被。自恣日，更燃顶香六炷，拈得菩萨沙弥阄，深自庆快，愿永作外护，奉事如法比丘。孰意末运决难挽回，正法决难久住。予又病苦日增，死将不久。追思出家初志，分毫未酬，数年苦心，亦付唐丧，抚躬自责，哀哉痛心。恐混迹故乡，虚生浪死，故决志行遁，毕此残生。以手书《集要》全帙，谨付彻因海比丘。（比丘名果海，为新伊法主指示令来学者）仍涕泣而嘱曰：

呜呼！佛法下衰，斯时为盛。毗尼一脉，不绝如丝。教道、禅宗，尤为混乱。予数年苦心，未能砥狂澜于万一，仅成此书，并《问辩》、《音义》各二卷。一文一字，罔敢师心。一义一法，咸符圣教。盖不惟律部精髓，亦禅、教纲维。由斯户可升堂入室，执斯镜可照胆辨邪。惜公根性稍钝，仅知开遮持犯条目，未达三学一贯源委，且福相未纯，智慧力薄，缺于辩才，短于学问，岂能即弘传斯道？但念公之从予游者五夏，有三事足取焉：几番恶辣钳锤，难堪难忍，绝无退心，纵未顿改旧观，番番略有进益；有人如法受具，未肯细心行持，惟公听《集要》后，轻重诸戒，悉思躬行；予癸酉甲戌，匍匐苦患，公独尽心竭力相济于颠沛中，毫无二心。充此三善之致，何必不可荷担正法？但须解行双修，戒乘俱急，虚其心，实其志，扩其眼界，牢其脚跟。尽在我修持，任外缘自集，万勿轻举妄动，贻羞法门。倘烦恼未伏，慧眼未开，辩才未具，学问未充，纵有福运，须力却之，况作意邀求耶？苦身形，坚愿力，依念处而精进行道，以《律藏》为法身父母，临深履薄，守兹一脉。倘遇英哲，当殷重付嘱之。无其人，宁供塔庙尊像中，慎莫授非人也。天定能胜人，人定亦能胜天。予运无数苦思，发无数弘愿，用无数心力，不能使五比丘如法同住，此天定也。然此思此愿、此心此力，岂遂唐捐？公若善继吾志，敬守之以俟后贤，庶几亦可称人定乎！始终不忘吾嘱，千里同风，否则尘劫永隔矣。勉哉！

附录

格言联璧

清·金缨　编纂

——立身处世的金科玉律，修心养性的人生智慧，千古不移的至理名言。

——地不分南北、人不分贫富，家家置之于案，人人背诵习读。

弁言

了悟子

余素喜古文，尤爱警句，展卷之余，每手录之。偶读《格言联璧》，字字惊怀，叹为稀有，笔录数过，意犹未尽。惜乎不窥全豹，耿耿至今。网海泛舟，几度搜索，见其版本甚多，间有篡改，大异原貌。至印光大师所序重刻本，文足意丰，遂感释怀。

坊间又见《觉觉录：金玉良言大全》《传世言》（中国历代传世格言总集）等版本，搜罗而校考之，皆《格言联璧》之翻版也，但能流通传世，亦无不可，然非《觉觉录》之全本也。读金兰生先生自序，可知《格言联璧》乃《觉觉录》之选本，因“卷帙繁多，工资艰巨，未能遽（立即）付梓人。因将录内整句，先行刊布，名《格言联璧》”。至于《觉觉录》全书，似乎未能刻印问世，令作者抱憾终生。

然可庆慰者，《格言联璧》自咸丰元年（1851）刊行后，即广为传诵，风靡南北，几乎家置一编，人人诵习，所谓“地不分南北、人不分贫富，家家置之于案，人人背诵习读”。甚且将此书置于左右，朝夕参悟；或作为教子授业之启蒙课本，详加解说。近代著名教育家弘一大师云：“余自儿时，即读此书；皈信佛法以后，亦常常翻阅，甚觉亲切而有味。”《格言联璧》影响之深远，可见一斑。

编录者金缨，字兰生，清末学者、出版家。于道光二十六年，编辑刊印《几希录续刻》之后，他又博览先贤著述，凡遇警世格言，随手抄录，汇成巨帙，编为《觉觉录》一书。“觉觉”者，自觉觉他、觉悟觉醒之谓也。盖以金科玉律之言，作暮鼓晨钟之警，以圣贤之智慧济世利人，以先哲之格言鞭策启蒙。其中不乏为人处事的智慧法则，治家教子的谆谆教诲，修身养性的道理箴言，字字珠玑，句句中肯，雅俗共赏，发人深省。其说理之切、举事之赅、择辞之精、成篇之简，皆冠绝古今，堪称立身处世的金科玉律，修心养性的人生智慧，千古不移的至理名言。

难怪此书问世后即为豪门收藏，民间传抄，学者注疏，竞相刊印，一时洛阳纸贵，近百年间即有百余种版本行世。甚至传播到日本、朝鲜等国家，成为影响深远、历久不衰的中华文化读本。有志之炎黄子孙，“须先读佛书、儒书，详知善恶之区别及改过迁善之法。倘因佛儒诸书浩如烟海，无力遍读，而亦难于了解者，可以先读《觉觉录》一书。”弘一大师如是说，我亦如是传。倘有所启发，于愿足矣。

莲台居士 了悟子 谨识

题《格言联璧》

余童年恒览是书，三十以后，稍知修养，亦奉是为圭臬。今离俗已二十一载，偶披此卷，如饮甘露，深沁心脾，百读不厌也。或疑“齐家”“从政”二门，与出家人不相涉；然整顿常住，训导法春，任职丛林，方便接引，若取资于此二门，善为变通应用，其所获之利益，正无限也。

演音

序

印光大师重刻

按：印光大师（1861–1940），俗姓赵，自号常惭愧僧，净土宗十三祖。大师深入念佛三昧，通宗通教而专修净土念佛法门。创办弘化社与灵岩山等念佛道场。其文字般若，度化众生无以计数。道风所播，遐迩景从，法化广被，名遍远近，仍粗衣淡饭，远离名闻利养。不离因果，不谈玄妙，倡导老实念佛。所有供养亦捐善举，资助流通法宝数百万册，不留一文。临终预知时至，领众念佛，跏趺而坐，含笑往生，实为近代僧人之典范。弘一大师赞曰：“大德如印光法师者，三百年来一人而已！”

《印光法师文钞》上承古佛祖师之血脉，下契近代众生之根机，言言归宗，字字见谛，实为苦海之慈航，修行之宝鉴，暗夜之明灯，成佛之指南。

人之所以与天地并名“三才”者，以其能格物致知，克己复礼，以明其明德，而止于至善也。去此，则但一血气之伦而已，何可以与天地并立为三而称之乎？孟子以夜气不足以存者，为违禽兽不远。又谓人之所以异于禽兽者几希，庶民去之，君子存之。是知任心纵意，胡作非为者，不过名之为人，实则与禽兽或相埒，或不如矣。

“格物致知”，乃群圣传授之心法。以人欲之物，乃由外境而生，必须格除净尽，而吾心固有之良知，自可全体显现矣。固有之良知，即“明德”也。“格”之与“致”，皆所以明其“明德”也。明德既明，则意诚心正而身修矣。此匹夫匹妇皆能为之事也。若（朱熹所谓）以推极吾之知识，穷尽天下事物之理，为格物致知者，乃枝末，非根本也。虽圣人亦有所不能焉。能明其明德，则独善其身矣。若得位行道，以先觉觉后觉，则兼善天下矣。吾人未能人欲净尽，天理流行，故必须多识前言往行，以为前途导师，日读诵而绎思之，必期于过日寡而德日崇，以至于德纯过无而后已。然曾子临终，尚曰：“战战兢兢，如临深渊，如履薄冰。而今而后，吾知免夫。”蘧伯玉行年五十，而知四十九年之非。孔子“以德不修，学不讲，闻义不能徙，不善不能改为忧。行年七十，尚欲天假数年，以期学易而免大过。”虽曰以身说法，勉励后进，实属圣贤格致工夫，自强不息，了无已时也。

山阴金兰生先生，辑先贤警策身心语句，为《格言联璧》，令学者如入宝山，随取而得。其功诚非浅鲜。维扬张瑞曾居士，少即奉为圭臬，继欲普饷同伦，乃详为校订。兼用褒贬圈法，标示其当法当戒者，俾阅者省心力而知去取，其用志可谓诚且挚矣。刻成，问序于余，因略述三才名义，与圣贤格致工夫，以期与本集所说互相发明。令学者得亲切下手之工夫，而进德不息，以至与天地参而后已也。其具眼者，当不以余言为背谬也。

——《印光法师增广文钞卷三》

作者自序

清·金缨

余自道光丙午岁（1826），敬承先志，辑《几希录续刻》。刻工竣后，遍阅先哲语录，遇有警世名言，辄手录之。积久成帙，编为十类，题曰《觉觉录》。惟卷帙繁多，工资艰巨，未能遽（立即）付梓人。因将录内整句，先行刊布，名《格言联璧》，以公同好。至全录之刻，姑俟异日云。

咸丰元年辛亥（1851）仲夏

山阴金缨兰生氏谨识

学问类

古今来许多世家，无非积德；

天地间第一人品，还是读书。

读书即未成名，究竟人高品雅；

修德不期获报，自然梦稳心安。

为善最乐，读书便佳。

诸君到此何为，岂徒学问文章，擅一艺微长？便算读书种子，在我所求亦恕。不过子臣弟友，尽五伦本分，共成名教中人。

聪明用于正路，愈聪明愈好，而文学功名益成其美。聪明用于邪路，愈聪明愈谬，而文学功名适济其奸。

祭虽有仪，而诚为本；丧虽有礼，而哀为本；士虽有学，而行为本。

飘风不可以调宫商，巧妇不可以主中馈，词章之士不可以治国家。

经济出自学问，经济方有本源；
心性见之事功，心性方为圆满。
舍事功更无学问，求性道不外文章。

何谓至行？曰庸行。何谓大人？曰小心。

何以上达？曰下学。何以远到？曰近思。

竭忠尽孝，谓之心。治国经邦，谓之学。
安危定变，谓之才。经天纬地，谓之文。
霁月光风，谓之度。万物一体，谓之仁。

以心术为本根，以伦理为桢干，以学问为菑畬，以文章为花萼，以事业为结实，以书史为园林；以歌咏为鼓吹，以义理为膏1粱，以著述为文绣，以诵读为耕耘，以记问为居积；以前言往行为师友，以忠信笃敬为修持，以作善降祥为受用，以乐天知命为依归。

凛闲居以体独，卜动念以知几，
谨威仪以定命，敦大伦以凝道，

备百行以考德，迁善改过以作圣。

收吾本心在腔子里，是圣贤第一等学问；
尽吾本分在素位中，是圣贤第一等工夫。

万理澄彻，则一心愈精而愈谨。
一心凝聚，则万理愈通而愈流。

宇宙内事，乃己分内事；
己分内事，乃宇宙内事。

身在天地后，心在天地前；
身在万物中，心在万物上。
观天地生物气象，学圣贤克己工夫。
下手处是自强不息，成就处是至诚无妄。

圣贤之道教人易，以圣贤之道治己难；以圣贤之道出口易，以圣贤之道躬行难；以圣贤之道奋始易，以圣贤之道克终难。圣贤学问是一套，行王道必本天德；后世学问是两截，不修己只管治人。

口里伊周，心中盗跖，责人而不责己，名为挂榜圣贤，独凛明旦，幽畏鬼神。知人而复知天，方是有根学问。

无根本底气节，如酒汉欧人，醉时勇，醒来退消，无分毫气力。无学问底识见，如庖人炀灶，面前明，背后左右，无一些照顾。

理以心得为精，故当沉潜，不然耳边口

头尔；事以典故为据，故当博洽，不然臆说杜撰也。

只有一毫粗疏处，便认理不真，所以说惟精；不然，众论淆之而必疑。只有一毫二三心，便守理不定，所以说惟一；不然，利害临之而必变。

接人要和中有介，处事要精中有果，认理要正中有道通。

在古人之后议古人之失，则易；
处古人之位为古人之事，则难。

古之学者得一善言，附于其身；

今之学者得一善言，务以悦人。

古之君子病其无能也，学之；
今之君子耻其无能也，讳之。

眼界要阔，遍历名山大川；
度量要宏，熟读五经诸史。

先读经后读史，则论事不谬于圣贤。
既读史复读经，则观书不徒为章句。

读经传则根柢厚，看史鉴则事理通，
观云天则眼界宽，去嗜欲则胸怀净。

一庭之内，自有至乐；

六经以外，别无奇书。

读未见书，如得良友；
见已读书，如逢故人。

何思何虑，居心当如止水；
勿取勿忘，为学当如流水。

心不欲杂，杂则神荡而不收；
心不欲劳，劳神则疲而不入。

心慎杂欲，则有余灵；
目慎杂观，则有余明。

案上不可多书，心中不可少书。

鱼离水则身枯，心离书则神索。

志之所趋，无远勿届，穷山距海不能限也；志之所向，无坚不入，锐兵固甲不能御也。

把意念沉潜得下，何理不可得？！

把志气奋发得起，何事不可为？！

不虚心，便如以水沃石，一毫进入不得；不开悟，便如胶柱鼓瑟，一毫转动不得。

不体认，便如电光照物，一毫把捉不得；不躬行，便如水行得车，陆行得舟，一毫受用不得。

读书贵能疑，疑乃可以启信。

读书在有渐，渐乃克底有成。

看书求理，须令自家胸中点头。

与人谈理，须令人家胸中点头。

爱惜精神，留他日担当宇宙。

蹉跎岁月，问何时报答君亲。

戒浩饮，浩饮伤神。戒贪色，贪色灭神。戒厚味，厚味昏神。戒饱食，饱食闷神。戒妄动，妄动乱神。戒多言，多言伤神。戒多忧，多忧郁神。戒多思，多思挠神。戒久睡，久睡倦神。戒久读，久读枯神。

存养类

性分不可使不足，故其取数也宜多。曰穷理，曰尽性，曰达天，曰入神，曰致广大、极高明。情欲不可使有余，故其取数也宜少，曰谨行，曰慎行，曰约己，曰清心，曰节饮食、寡嗜欲。

大其心，容天下之物；虚其心，受天下之善；平其心，论天下之事；潜其心，观天下之理；定其心，应天下之变。

清明以养吾之神，湛一以养吾之虑，沉警以养吾之识，刚大以养吾之志，果断以养吾之才，凝重以养吾之气，宽裕以养吾之量，严棱以养吾之操。

自家有好处，要掩藏几分，这是涵育以养深；别人不好处，要掩藏几分，这是浑厚以养天。

以虚养心，以德养身，以仁养天下万物，以道养天下万世。

涵养冲虚，便是身世学问；
省除烦恼，何等心性安和！

颜子四勿，要收入来；闲存工夫，制外以养中也。孟子四端，要扩充去；格致工夫，推近以暨远也。

注释 四勿，“非礼勿视，非礼勿听，非礼勿言，非礼勿动。”四端：“恻隐之心，仁之端也；羞恶之心，义之端也；辞让之心，礼之端也；是非之心，智之端也。”

喜怒哀乐而曰未发，是从人心直溯道心，要他存养；未发而曰喜怒哀乐，是从道心指出人心，要他省察。

存养宜冲粹，近春温；
省察宜谨严，近秋肃。

就性情上理会，则曰涵养。就念虑上提撕，则曰省察。就气质上销镕，则曰克治。

果决人似忙，心中常有余闲；
因循人似闲，心中常有余忙。

寡欲故静，有主则虚。

无欲之谓圣，寡欲之谓贤，
多欲之谓凡，徇欲之谓狂。

人之心胸，多欲则窄，寡欲则宽。人之心境，多欲则忙，寡欲则闲。人之心术，多欲则险，寡欲则平。人之心事，多欲则忧，寡欲则乐。人之心气，多欲则馁，寡欲则刚。

宜静默，宜从容，宜谨严，宜俭约；四者，切己良箴。忌多欲，忌妄动，忌坐驰，忌旁骛；

四者，切己大病。

敬守此心，则心定；敛抑其气，则气平。

人性中不曾缺一物，人性上不可添一物。

君子之心不胜其小，而气量涵盖一世；
小人之心不胜其大，而志意拘守一隅。

怒是猛虎，欲是深渊。

忿如火，不遏则燎原；
欲如水，不遏则滔天。

惩忿如摧山，窒欲如填壑；

惩忿如救火，窒欲如防水。

心一模糊，万事不可收拾；心一疏忽，万事不入耳目；心一执着，万事不得自然。

一念疏忽，是错起头；
一念决裂，是错到底。

古之学者，在心地上做功夫，故发之容貌，则为盛德之符。今之学者，在容貌上做功夫，故反之于心，则为实德之病。

只是心不放肆，便无过差；
只是心不怠忽，便无逸志。

处逆境心，须用开拓法；
处顺境心，要用收敛法。

世路风霜，吾人炼心之境也。世情冷暖，吾人忍性之地也。世事颠倒，吾人修行之资也。

青天白日的节义，自暗室屋漏中培来；
旋乾转坤的经纶，自临深履薄处得力。

名誉自屈辱中彰，德量自隐忍中大。

谦退是保身第一法，安详是处事第一法，涵容是待人第一法，恬淡是养心第一法。

喜来时一检点，怒来时一检点，怠惰时

一检点，放肆时一检点。

自处超然，处人蔼然。无事澄然，有事斩然。得意淡然，失意泰然。

静能制动，沉能制浮；
宽能制褊，缓能制急。

天地间真滋味，惟静者能尝得出；
天地间天机括，惟静者能看得透。

有才而性缓，定属大才；
有智而气和，斯为大智。

气忌盛，心忌满，才忌露。

有作用者，器宇定是不凡；
有智慧者，才情决然不露。

意粗性躁，一事无成；
心平气和，千祥骈集。

世俗烦恼处，要耐得下。世事纷扰处，要闲得下。胸怀牵缠处，要割得下。境地浓艳处，要淡得下。意气忿怒处，要降得下。

以和气迎人，则乖沴灭。以正气接物，则妖气灭。以浩气临事，则疑畏释。以静气养身，则梦寐恬。

观操存在利害时，观精力在饥疲时，
观度量在喜怒时，观镇定在震惊时。

大事难事看担当，逆境顺境看襟度，临喜临怒看涵养，群行群止看识见。

轻当矫之以重，浮当矫之以实，褊当矫之以宽，执当矫之以圆，傲当矫之以谦，肆当矫之以谨，奢当矫之以俭，忍当矫之以慈，贪当矫之以廉，私当矫之以公，放言当矫之以缄默，好动当矫之以镇静，粗率当矫之以细密，躁急当矫之以和缓，怠惰当矫之以精勤，刚暴当矫之以温柔，浅露当矫之以沉潜，溪刻当矫之以浑厚。

持躬类

聪明睿知，守之以愚。功被天下，守之以让。勇力振世，守之以怯。道德隆重，守之以谦。

不与居积人争富，不与进取人争贵，不与矜饰人争名，不与少年人争英俊，不与盛气人争是非。

富贵，怨之府也；才能，身之灾也；
声名，谤之媒也；欢乐，悲之渐也。

浓于声色，生虚怯病。浓于货利，生贪饕病。浓于功业，生造作病。浓于名誉，生矫激病。

想自己身心，到后日置之何处；

顾本来面目，在古时像个甚人。

莫轻视此身，三才在此六尺；

莫轻视此生，千古在此一日。

醉酒饱肉，浪笑恣谈，却不错过了一日？！妄动胡言，昧理从欲，却不作孽了一日？！

不让古人，是谓有志；
不让今人，是谓无量。

一能胜予，君子不可无此小心；
吾何畏彼，丈夫不可无此大志。

怪小人之颠倒是非，不知惯颠倒方为小人；惜君子之受世折磨，不知惟折磨乃见君子。

经一番挫折，长一番识见。容一番横逆，增一番器度。省一分经营，多一分道义。学一分退让，讨一分便宜。增一分享用，减一分福泽。加一分体贴，知一分物情。

不自重者取辱，不自畏者招祸，

不自满者受益，不自是者博闻。

有真才者，必不矜才；

有实学者，必不夸学。

盖世功劳，当不得一个“矜”字；

弥天罪恶，当不得一个“悔”字。

诿罪掠功，此小人事。掩罪夸功，此众人事。让美归功，此君子事。分怨共过，此盛德事。

毋毁众人之名，以成一己之善；

毋没天下之理，以护一己之过。

大着肚皮容物，立定脚跟做人。

实处着脚，稳处下手。

读书有四个字最要紧，曰：阙、疑、好、问。做人有四个字最要紧，曰：务、实、耐、久。

事当快意时须转，言到快意时须住。

物忌全胜，事忌全美，人忌全盛。

尽前行者地步窄，向后看者眼界宽。

留有余不尽之巧，以还造化。留有余不尽之禄，以还国家。留有余不尽之财，以还百姓。留有余不尽之福，以贻子孙。

四海和平之福，只是随缘；
一生牵惹之劳，总因好事。

花繁柳密处拨得开，方见手段；
风狂雨骤时立得定，才是脚跟。

步步占先者，必有人以挤之；
事事争胜者，必有人以挫之。

能改过，则天地不怒；
能安分，则鬼神无权。

言行拟之古人则德进，功名付之天命则心闲，报应念及子孙则事平，受享虑及疾病则用俭。

安莫安于知足，危莫危于多言；贵莫贵于无求，贱莫贱于多欲；乐莫乐于好善，苦莫苦于多贪；长莫长于博识，短莫短于自恃；明莫明于体物，暗莫暗于昧几。

能知足者，天不能贫。能忍辱者，天不能祸。能无求者，天不能贱。能外形骸者，天不能病。能不贪生者，天不能死。能随遇而安者，天不能困。能造就人材者，天不能孤。能以身任天下后世者，天不能绝。

天薄我以福，吾厚吾德以迓之；
天劳我以形，吾逸吾心以补之；
天危我以遇，吾享吾道以通之；
天苦我以境，吾乐吾神以畅之。

吉凶祸福，是天主张；
毁誉予夺，是人主张；
主身行己，是我主张。

要得富贵福泽，天主张由不得我；
要做贤人君子，我主张由不得天。

富以能施为德，贫以无求为德，
贵以下人为德，贱以忘势为德。

护体面，不如重廉耻。

求医药，不如养性情。

立党羽，不如昭信义。

作威福，不如笃至诚。

多言语，不如慎隐微。

博声名，不如正心术。

恣豪华，不如乐名教。

广田宅，不如教义方。

行己恭，责躬厚，接众和，立心正，

进道勇。择友以求益，改过以全身。

敬为千圣授受真源，慎乃百年提撕紧钥。

度量如海涵春育，应接如流水行云。
操存如青天白日，威仪如丹凤祥麟。
言论如敲金戛石，持身如玉洁冰清。
襟抱如光风霁月，气概如乔岳泰山。

海阔从鱼跃，天空任鸟飞。非大丈夫不能有此度量！振衣千仞冈，濯足万里流。非大丈夫不能有此气节！珠藏泽自媚，玉蕴山含辉。非大丈夫不能有此蕴藉！月到梧桐上，风来杨柳边。非大丈夫不能有此襟怀！

处草野之日，不可将此身看得小；
居廊庙之日，不可将此身看得大。

只一个俗看头，错做了一生人。
只一双俗眼睛，错认了一生人。

心不妄念，身不妄动，口不妄言，君子所以存诚。内不欺己，外不欺人，上不欺天，君子所以慎独。不愧父母，不愧兄弟，不愧妻子，君子所以宜家。不负国家，不负生民，不负所学，君子所以用世。

以性分言，无论父子兄弟，
即天地万物，皆一体耳，何物非我？！
于此信得及，则心体廓然矣。
以外物言，无论功名富贵，
即四肢百骸，亦躯壳耳，何物是我？！
于此信得及，则世味淡然矣。

有补于天地曰功，有关于世教曰名，有学问曰富，有廉耻曰贵，是谓功名富贵。无为曰道，无欲曰德，无习于鄙陋曰文，无近于暧昧曰章，是谓道德文章。

困辱非忧，取困辱为忧。
荣利非乐，忘荣利为乐。

热闹荣华之境，一过辄生凄凉。
清真冷淡之为，历久愈有意味。

心志要苦，意趣要乐。
气度要宏，言动要谨。

心术以光明、笃实为第一。容貌以正大、老成为第一。言语以简重、真切为第一。

勿吐无益身心之语，勿为无益身心之事，勿近无益身心之人，勿入无益身心之境，勿展无益身心之书。

此生不学一可惜，
此日闲过二可惜，
此身一败三可惜。

君子胸中所常体，不是人情是天理。
君子口中所常道，不是人伦是世教。
君子身中所常行，不是规矩是准绳。

休诿罪于气化，一切责之人事；
休过望于世间，一切求之我身。

自责之外，无胜人之术；
自强之外，无上人之术。

书有未曾经我读，事无不可对人言。

闺门之事可传，而后知君子之家法矣；
近习之人起敬，而后知君子之身法矣。

门内罕闻嬉笑怒骂，其家范可知；
座右遍陈善书格言，其志趣可想。

慎言动于妻子仆隶之间，
检身心于食息起居之际。

语言间尽可积德，妻子间亦是修身。

昼验之妻子，以观其行之笃与否也；
夜考之梦寐，以卜其志之定与否也。

欲理会七尺，先理会方寸；
欲理会六合，先理会一腔。

世人以七尺为性命，
君子以性命为七尺。

气象要高旷，不可疏狂。

心思要缜密，不可琐屑。

趣味要冲淡，不可枯寂。

操守要严明，不可激烈。

聪明者，戒太察。

刚强者，戒太暴。

温良者，戒无断。

勿施小惠伤大体，毋借公道遂私情。

以情恕人，以理律己。

以恕己之心恕人，则全交；

以责人之心责己，则寡过。

力有所不能，圣人不以无可奈何者责人。

心有所当尽，圣人不以无可奈何者自诿。

众恶必察，众好必察，易！

自恶必察，自好必察，难！

见人不是，诸恶之根；

见己不是，万善之门。

不为过三字，昧却多少良心；

没奈何三字，抹却多少体面。

品诣常看胜如我者，则愧耻自增；

享用常看不如我者，则怨尤自泯。

家坐无聊，当思食力担夫，红尘赤日；

官阶不达，须念高才秀士，白首青衿。

将啼饥者比，则得饱自乐。

将号寒者比，则得暖自乐。

将劳役者比，则悠闲自乐。

将疾病者比，则康健自乐。

将祸患者比，则平安自乐。

将死亡者比，则生存自乐。

常思终天抱恨，自不得不尽孝心。

常思度日艰难，自不得不节费用。

常思人命脆薄，自不得不加修持。

常思杀债难偿，自不得不惜口腹。

常思世态炎凉，自不得不奋志气。

常思法网难漏，自不得不戒非为。
常思身命易倾，自不得不存善念。

以媚字奉亲，以淡字交友，以苟字省费，以拙字免劳，以聋字止谤，以盲字远色，以吝字防口，以病字医淫，以贪字读书，以疑字穷理，以刻字责己，以迂字守礼，以狠字立志，以傲字植骨，以痴字救贫，以空字解忧，以弱字御侮，以悔字改过，以懒字抑奔竞风，以惰字屏尘俗事。

对失意人，莫谈得意事；
处得意日，莫忘失意时。

一动于欲，欲迷则昏；
一任乎气，气偏则戾。

贫贱是苦境，能善处者自乐；
富贵是乐境，不善处者更苦。

恩里由来生害，故快意时须早回头；
败后或反成功，故拂心处莫便放手。

深沉厚重，是第一等资质；
磊落雄豪，是第二等资质；
聪明才辩，是第三等资质。

上士忘名，中士立名，下士窃名。

上士闭心，中士闭口，下士闭门。

好讦人者身必危，自甘为愚适成其保身之智；好自夸者人多笑，自舞其智适见其欺人之愚。

闲暇出于精勤，恬适出于祇惧，
无思出于能虑，大胆出于小心。

平康之中，有险阻焉。衽席之内，有鸩毒焉。衣食之间，有祸败焉。

居安虑危，处治思乱。

天下之势，以渐而成；
天下之事，以积而居。

祸到休愁，也要会救；
福来休喜，也要会受。

天欲祸人，先以微福骄之；
天欲福人，先以微祸儆之。

傲侵之人骤得通显，天将重刑之也；
疏放之人艰于进取，天将曲赦之也。

小人亦有坦荡荡处，无忌惮是也；
君子亦有长戚戚处，终身之忧是也。

君子犹水也，其性冲，其质白，其味淡；其为用也，可以澣不洁者而使洁。即沸汤中投以油，亦自分别而不相混。诚哉君子也！小人譬油也，其性滑，其质腻，其味浓；其为用也，可以污洁者而使不洁。倘滚油中投以水，必至激搏而不相容。诚哉小人也！

凡阳必刚，刚必明，明则易知；
凡阴必柔，柔必暗，暗则难测。

称人以颜子，无不悦者，忘其贫贱而夭；指人以盗跖，无不怒者，忘其富贵而寿。

事事难上难，举足常虞失坠；
件件想一想，浑身都是过差。

怒宜实力消融，过要细心检点。

探理宜柔，优游涵泳，始可以自得；
决欲宜刚，勇猛奋迅，始可以自新。

惩忿窒欲，其象为损，得力在一“忍”字；
迁善改过，其象为益，得力在一“悔”字。

富贵如传舍，惟谨慎可得久居；
贫贱如敝衣，惟勤俭可以脱卸。

俭则约，约则百善俱兴；
侈则肆，肆则百恶俱纵。

奢者富不足，俭者贫有余。

奢者心常贫，贫者心常富。

贪饕以招辱，不若俭而守廉。干请以犯义，不若俭而全节。侵牟以聚怨，不若俭而养心。放肆以遂欲，不若俭而安性。

静坐，然后知平日之气浮。

守默，然后知平日之言躁。

省事，然后知平日之心忙。

闭户，然后知平日之交滥。

寡欲，然后知平日之病多。

近情，然后知平日之念刻。

无病之身，不知其乐也；病生，始知无病之乐。无事之家，不知其福也；事至，始知无事之福。

欲心正炽时，一念着病，兴似寒冰；
利心正炽时，一想到死，味同嚼蜡。

有一乐境界，即有一不乐者相对待；
有一好光景，便有一不好底相乘除。

事不可做尽，言不可道尽，
势不可倚尽，福不可享尽。
不可吃尽，不可穿尽，不可说尽；
又要洞得，又要做得，又要耐得。

难消之味休食，难得之物休蓄，难酬之恩休受，难久之友休交，难再之时休失，难守之财休积，难雪之谤休辩，难释之忿休较。

饭休不嚼便咽，路休不看便走，话休不想便说，事休不思便做，财休不审便取，气休不忍便动，友休不择便交。

为善如负重登山，志虽已确，而力犹恐不及。为恶如乘骏走坡，鞭虽不加，而足不禁其前。

防欲如挽逆水之舟，才歇手便下流。

力行如缘无枝之树，才住脚便下坠。

胆欲大，心欲小；智欲圆，行欲方。

真圣贤决非迂腐，真豪杰断不粗疏。

龙吟虎啸，凤翥鸾翔，大丈夫之气象；
蚕茧蛛丝，蚁封蚓结，儿女子之经营。

格格不吐，刺刺不休，总是一般语病，请以莺歌燕语疗之。恋恋不舍，忽忽若忘，各有一种情痴，当以鸢飞鱼跃化之。

问消息于蓍龟，疑团空结；
祈福祉于奥灶，奢想徒劳。

谦，美德也，过谦者怀诈；
默，懿行也，过默者藏奸。

直不犯祸，和不害义。

圆融者无诡随之态，精细者无苛察之心，方正者无乖拂之失，沉默者无阴险之术，诚笃者无椎鲁之累，光明者无浅露之病，劲直者无径情之偏，执持者无拘泥之迹，敏炼者无轻浮之状。

才不足则多谋，识不足则多虑，威不足则多怒，信不足则多言，勇不足则多劳，明不足则多察，理不足则多辩，情不足则多仪。

私恩煦感，仁之贼也；直往轻担，义之贼也；足恭伪态，礼之贼也；苛察歧疑，智之贼也；苟约固守，信之贼也。

有之为仁，生之不为仁者；
有取之为义，与之为不义者；
有卑之为礼，尊之为非礼者；
有不知为智，知之为不智者；
有违言为信，践言为非信者。

愚忠愚孝，实能维天地纲常，惜不遇圣人裁成，未尝入室；大诈大奸，偏会建世间功业，倘非有英主驾驭，终必跳梁。

知其不可为而遂委心任之者，达人智士之见也；知其不可为而犹竭力图之者，忠臣孝子之心也。

小人只怕他有才，有才以济之，流害无穷；君子只怕他无才，无才以行之，虽贤何补。

养生类

慎风寒，节饮食，是从吾身上却病法；
寡嗜欲，戒烦恼，是从吾心上却病法。

少思虑以养心气，寡色欲以养肾气，常运动以养骨气，戒嗔怒以养肝气，薄滋味以养胃气，省言语以养神气，多读书以养胆气，顺时令以养元气。

忧愁则气结，忿怒则气逆，恐惧则气陷，拘迫则气郁，急遽则气耗。

行欲徐而稳，立欲定而恭，

坐欲端而正，声欲低而和。

心神欲静，骨力欲动，胸怀欲开，筋骸欲硬，脊梁欲直，肠胃欲净，舌端欲卷，脚跟欲定，耳目欲清，精魂欲正。

多静坐以收心，寡酒色以清心，去嗜欲以养心，诵古训以警心，悟至理以明心。

宠辱不惊，肝木自宁；动静以敬，心火自定；饮食有节，脾土不泄；调息寡言，肺金自全；恬淡寡欲，肾水自足。

道生于安静，德生于卑退，
福生于清俭，命生于和畅。

天地不可一日无和气，人心不可一日无喜神。

拙字可以寡过，缓字可以免悔，退字可以远祸，苟字可以养气，静字可以益寿。

毋以妄心戕真心，勿以客气伤元气。

拂意处要遣得过，清苦日要守得过，非理来要受得过，忿怒时要耐得过，嗜欲生要忍得过。

言语知节，则愆尤少。举动知节，则悔吝少。爱慕知节，则营求少。欢乐知节，则祸败少。饮食知节，则疾病少。

人知言语足以彰吾德，而不知慎言语乃所以养吾德；人知饮食足以益吾身，而不知节饮食乃所以养吾身。

闹时炼心，静时养心，坐时守心，行时验心，言时省心，动时制心。

荣枯倚伏，寸田自开惠逆，何须历问塞翁；修短参差，四体自造彭殇，似难专咎司命！

节欲以驱二竖，修身以屈三彭，
安贫以听五鬼，息机以弭六贼。

衰后罪孽，都是盛时作的；
老来疾病，都是壮年招的。

败德之事非一，而酗酒者德必败；
伤生之事非一，而好色者生必伤。

木有根则荣，根坏则枯；
鱼有水则活，水涸则死；
灯有膏则明，膏尽则灭；
人有真精，保之则寿，戕之则夭。

敦品类

欲做精金美玉的人品，定从烈火中锻来；思立揭地掀天的事功，须向薄冰上履过。

人以品为重，若有一点卑污之心，便非顶天立地汉子；品以行为主，若有一件愧怍之事，即非泰山北斗宏仪。

人争求荣,就其求之之时,已极人间之辱;人争恃宠，就其恃之之时，已极人间之贱。

丈夫之高华，只在于道德气节；
鄙夫之炫耀，但求诸服饰起居。

阿谀取容，男子耻为妾妇之道；

本真不凿，大人不失赤子之心。

君子之事上也，必忠以敬；其接下也，必谦以和。小人之事上也，必谄以媚；其待下也，必傲以忽。

立朝不是好官人，由居家不是好处士；平素不是好处士，由小时不是好学生。

做秀才如处子，要怕人；既入仕如媳妇，要养人；归林下如阿婆，要教人。

贫贱时眼中不着富贵，他日得志必不骄；富贵时意中不忘贫贱，一旦退休必不怨。

贵人之前莫言贱，彼将谓我求其荐；
富人之前莫言贫，彼将谓我求其怜。

小人专望受人恩，受过辄忘；
君子不轻受人恩，受则必报。

处众以和，贵有强毅不可夺之力；
持己以正，贵有圆通不固执之权。

使人有面前之誉，不若使人无背后之毁；使人有乍处之欢，不若使人无久处之厌。

媚若九尾狐，巧如百舌鸟，哀哉羞此七尺之躯；暴同三足虎，毒比两头蛇，惜乎坏尔方寸之地。

到处伛偻，笑伊首何仇于天？何亲于地？终朝筹算，问尔心何轻于命？何重于财？

富儿因求宦倾赀，污吏以黩货失职。

亲兄弟折箸，璧合翻作瓜分；
士大夫爱钱，书香化为铜臭。

士大夫当为子孙造福，不当为子孙求福。谨家规，崇俭朴，教耕读，积阴德，此造福也。广田宅，结姻缘，争什一，鬻功名，此求福也。造福者，澹而长；求福者，浓而短。士大夫当为此生惜名，不当为此生市名。敦诗书，尚气节，慎取与，谨威仪，此惜名也。

竞标榜，邀权贵，务矫激，习模棱，此市名也。惜名者，静而休；市名者，躁而拙。士大夫当为一家用财，不当为一家伤财。济宗党，广束修，救荒歉，创办义举，济人利物，此用财也；靡苑囿，教歌舞，奢燕会，积聚珍玩，赏目悦心，此伤财也。用财者，损而盈；伤财者，满而覆。士大夫当为天下养身，不当为天下惜身。省嗜欲，减思虑，戒忿怒，节饮食，此养身也。规利害，避劳怨，营窟宅，守妻子，此惜身也；养身者，啬而大；惜身者，膻而细。

处事类

处难处之事愈宜宽，处难处之人愈宜厚，处至急之事愈宜缓，处至大之事愈宜平，处疑难之际愈宜无意。

无事时常照管此心，竞竞然若有事；

有事时却放下此心，坦坦然若无事。

无事如有事，提防才可弭意外之变；

有事如无事，镇定方可消局中之危。

当平常之日，应小事，宜以应大事之心应之。盖天理无小，即人事观之，便有一个邪正，不可忽慢苟简，须审事之邪正以应之方可，及变故之来。处大事，宜以处小事之心处之；盖人事虽大，自天理观之，只有一个是非，不可惊慌失措，但凭理之是非以处之便得。

缓事宜急干，敏则有功；
急事宜缓办，忙则多错。

不自反者，看不出一身病痛；
不耐烦者，做不成一件事业。

日日行不怕千万里，
常常做不怕千万事。

必有容，德乃大；必有忍，事乃济。

过去事，丢得一节是一节；现在事，了得一节是一节；未来事，省得一节是一节。

强不知以为知，此乃大愚；
本无事而生事，是谓薄福。

居处必先精勤，乃能闲暇；
凡事务求停妥，然后逍遥。

天下最有受用，是一闲字，闲字要从勤中得来；天下最讨便宜，是一勤字，勤字要从闲中做出。

自己做事，切须不可迂滞，不可反复，不可琐碎；代人做事，极要耐得迂滞，耐得反复，耐得琐碎。

谋人事如己事，而后虑之也审；
谋己事如人事，而后见之也明。

无心者公，无我者明。

置其身于是非之外，而后可以折是非之中；置其身于利害之外，而后可以观利害之变。

任事者，当置身利害之外；
建言者，当设身利害之中。

无事时戒一“偷”字，有事时戒一“乱”字。

将事而能弭，遇事而能救，既事而能挽，此之谓达权，此之谓才；未事而知来，始事而要终，定事而知变，此之谓长虑，此之谓识。

提得起，放得下，

算得到，做得完，

看得破，撇得开。

救已败之事者，如驭临崖之马，休轻策一鞭；图垂成之功者，如挽上滩之舟，莫少停一棹。

以真实肝胆待人，事虽未必成功，日后人必见我之肝胆；以诈伪心肠处事，人即一时受惑，日后人必见我之心肠。

天下无不可化之人，但恐诚心未至；
天下无不可为之事，只怕立志不坚。

处人不可任己意，要悉人之情；
处事不可任己见，要悉事之理。

见事贵乎理明，处事贵乎心公。

于天理汲汲者，于人欲必淡；
于私事耽耽者，于公务必疏；
于虚文熠熠者，于本实必薄。

君子当事，则小人皆为君子，至此不为君子，真小人也。小人当事，则中人皆为小人，至此不为小人，真君子也。

居官先厚民风，处事先求大体。

论人当节取其长，曲谅其短；
做事必先审其害，后计其利。

小人处事，于利合者为利，于利背者为害；君子处事，于义合者为利，于义背者为害。

只人情世故熟了，什么大事做不到；
只天理人心合了，什么好事做不成。

只一事不留心，便有一事不得其理；

只一物不留心，便有一物不得其所。

事到手，且莫急，便要缓缓想；

想到时，切莫缓，便要急急行。

事有机缘，不先不后，刚刚凑巧。

命若蹭蹬，走来走去，步步踏空。

接物类

事属暧昧，要思回护他，着不得一点攻讦的念头。人属寒微，要思矜礼他，着不得一毫傲睨的气象。

凡一事而关人终身，纵确见实闻，不可着口；凡一语而伤我长厚，虽闲谈酒谑，慎勿形言。

严着此心以拒外诱，须如一团烈火，遇物即烧；宽着此心以待同群，须如一片春阳，无人不暖。

持己当从无过中求，有过非独进德，亦且免患；待人当于有过中求，无过非但存厚，亦且解怨。

事后而议人得失，吹毛索垢，不肯丝毫放宽，试思己当其局，未必能效彼万一。旁观而论人短长，抉隐摘微，不留些须余地，试思己受其毁，未必能安意顺承。

遇事只一味镇定从容，虽纷若乱丝，终当就绪；待人无半毫矫伪欺诈，纵狡如山鬼，亦自献诚。

公生明，诚生明，从容生明。

人好刚，我以柔胜之；人用术，我以诚感之；人使气，我以理屈之。

柔能制刚，遇赤子而贲育失其勇；
讷能屈辩，逢喑者而仪秦拙于词。

困天下之智者，不在智而在愚；
穷天下之辩者，不在辩而在讷；
伏天下之勇者，不在勇而在怯。

以耐事，天下之多事；
以无心，息天下之争心。

何以息谤？曰：无辩。
何以止怨？曰：不争。

人之谤我也，与其能辩，不如能容；

人之侮我也，与其能防，不如能化。

是非窝里，人用口，我用耳；

热闹场中，人向前，我落后。

观世间极恶事，则一眚一慝，尽可优容；念古来极冤人，则一毁一辱，何须计较。彼之理是，我之理非，我让之；彼之理非，我之理是，我容之。

能容小人，是大人；能培薄德，是厚德。

我不识何等为君子，但看每事肯吃亏的便是；我不识何等为小人，但看每事好便宜的便是。

律身惟廉为宜，处世以退为尚。

以仁义存心，以勤俭作家，以忍让接物。

径路窄处，留一步与人行；滋味浓处，减三分让人嗜。任难任之事，要有力而无气；处难处之人，要有知而无言。

穷寇不可追也，遁辞不可攻也，贫民不可威也。

祸莫大于不仇人而有仇人之辞色，
耻莫大于不恩人而诈恩人之状态。

恩怕先益后损，威怕先松后紧。

善用威者不轻怒，善用恩者不妄施。

宽厚者，毋使人有所恃；
精明者，不使人有所容。

事有知其当变而不得不因者，善救之而已矣；人有知其当退而不得不用者，善驭之而已矣。

轻信轻发，听言之大戒也；
愈激愈厉，责善之大戒也。

处事须留余地，责善切戒尽言。

施在我有余之惠，则可以广德；
留在人不尽之情，则可以全交。

古人爱人之意多，故人易于改过，
而视我也常亲，我之教益易行。
今人恶人之意多，故人甘于自弃，
而视我也常仇，我之言必不入。

喜闻人过，不若喜闻己过；
乐道己善，何如乐道人善。

听其言必观其行，是取人之道；
师其言不问其行，是取善之方。

论人之非，当原其心，不可徒泥其迹；
取人之善，当据其迹，不必深究其心。

小人亦有好处，不可恶其人，并没其是；
君子亦有过差，不可好其人，并饰其非。

小人固当远然，断不可显为仇敌；
君子固当亲然，亦不可曲为附和。

待小人宜宽，防小人宜严。

闻恶不可遽怒，恐为谗人泄忿；

闻善不可就亲，恐引奸人进身。

先去私心，而后可以治公事；

先平己见，而后可以听人言。

修己以清心为要，涉世以慎言为先。

恶莫大于纵己之欲，

祸莫大于言人之非。

人生惟酒色机关，须百炼此身成铁汉；

世上有是非门户，要三缄其口学金人。

工于论人者，察己常阔疏；

狃于讦直者，发言多弊病。

人情每见一人，始以为可亲，久而厌生，又以为可恶；非明于理而复体之以情，未有不割席者。人情每处一境，始以为甚乐，久而厌生，又以为甚苦；非平其心而复济之以养，未有不思迁者。

观富贵人，当观其气概，如温厚和平者，则其荣必久，而其后必昌。观贫贱人，当观其度量，如宽宏坦荡者，则其福必臻，而其家必裕。

宽厚之人，吾师以养量；缜密之人，吾师以炼识；慈惠之人，吾师以御下；俭约之人，吾师以居家；明通之人，吾师以生慧；质朴之人，吾师以藏拙；才智之人，吾师以应变；缄默之人，吾师以存神；谦恭善下之人，吾师以亲师友；博学强识之人，吾师以广见闻。

居视其所亲，富视其所与，达视其所举，穷视其所不为，贫视其所不取。

取人之直恕其戆，取人之朴恕其愚，
取人之介恕其隘，取人之敬恕其疏，
取人之辩恕其肆，取人之信恕其拘。

遇刚鲠人，须耐他戾气；遇俊逸人，须耐他妄气；遇朴厚人，须耐他滞气；遇佻达人，须耐他浮气。

人褊急，我受之以宽宏；
人险仄，我待之以坦荡。

奸人诈而好名，他行事有确似君子处；
迂人执而不化，其决裂有甚于小人时。

持身不可太皎洁，一切污辱垢秽，要茹纳得；处世不可太分明，一切贤愚好丑，要包容得。

宇宙之大，何物不有？使择物而取之，安得别立宇宙，置此所舍之物？！人心之广，何人不容？使择人而好之，安有别个人心，复容所恶之人？！

德盛者，其心和平，见人皆可取，故口中所许可者多；德薄者，其心刻傲，见人皆可憎，故目中所鄙弃者众。

律己宜带秋气，处世须带春风。

善处身者，必善处世，不善处世，贼身者也；善处世者，必严修身，不严修身，媚世者也。爱人而人不爱，敬人而人不敬，君子必自反也；爱人而人即爱，敬人而人即敬，君子益加谨焉。

人若近贤良，譬如纸一张，以纸包兰麝，因香而得香；人若近邪友，譬如一枝柳，以柳贯鱼鳖，因臭而得臭。

人未己知，不可急求其知；
人未己合，不可急与之合。

落落者难合，一合便不可离；
欣欣者易亲，乍亲忽然成怨。

能媚我者，必能害我，宜加意防之；
肯规予者，必肯助予，宜倾心听之。

出一个大伤元气进士，不如出一个能积阴德平民；交一个读破万卷邪士，不如交一个不识一字端人。

无事时埋藏着许多小人，
多事时识破了许多君子。

一种人难悦亦难事，只是度量褊狭，不失为君子；一种人易事亦易悦，这是贪污软弱，不免为小人。

大恶多从柔处伏，须防绵里之针；
深雠常自爱中来，宜防刀头之蜜。

惠我者小恩，携我为善者大恩；

害我者小雠，引我为不善者大雠。

毋受小人私恩，受则恩不可酬；

毋犯士夫公怒，犯则怒不可救。

喜时说尽知心，到失欢须防发泄；

恼时说尽伤心，恐再好自觉羞惭。

盛喜中勿许人物，盛怒中勿答人书。

顽石之中，良玉隐焉；

寒灰之中，星火寓焉。

静坐常思己过，闲谈莫论人非。

对痴人莫说梦话，防所误也；
见短人莫说矮话，避所忌也。

面谀之词，有识者未必悦心；
背后之议，受憾者常若刻骨。

攻人之恶毋太严，要思其堪受；
教人以善毋过高，当使其可从。

互乡童子则进之，开其善也；
阙党童子则抑之，勉其学也。

不可无不可，一世之识；

不可有不可，一人之心。

事有急之不白者，缓之或自明，毋急躁以速其戾；人有操之不从者，纵之或自化，毋苛刻以益其顽。

遇矜才者，毋以才相矜，但以愚敌其才，便可压倒；遇炫奇者，毋以奇相炫，但以常敌其奇，便可破除。

直道事人，虚衷御物。

岂能尽如人意，但求不愧我心。

不近人情，举足尽是危机；

不体物情，一生俱成梦境。

己性不可任，当用逆法制之，其道在一忍字；人性不可拂，当用顺法调之，其道在一恕字。

仇莫深于不体人之私，而又苦之；

祸莫大于不讳人之短，而又讦之。

辱人以不堪，必反辱；

伤人以已甚，必反伤。

处富贵之时，要知贫贱的痛痒；

值少壮之日，须念衰老的辛酸。

入安乐之场，当体患难人景况；

居旁观之地，要谅局内人苦心。

临事须替别人想，论人先将自己想。

欲胜人者先自胜，

欲论人者先自论，

欲知人者先自知。

待人三自反，处世两如何。

待富贵人，不难有礼而难有体；

待贫贱人，不难有恩而难有礼。

对愁人勿乐，对哭人勿笑，对失意人勿矜。

见人背语，勿倾耳窃听；入人之室，勿侧目旁观；到人案头，勿信手乱翻。

不蹈无人之室，不入有事之门，不处藏物之所。

俗语近于市，纤语近于娼，诨语近于优。

闻君子议论，如啜苦茗，森严之后，甘芳溢颊；闻小人言语，如嚼糖霜，爽美之后，寒冰凝胸。

凡为外所胜者，皆内不足；
凡为邪所夺者，皆正不足。

存乎天者，于我无与也，穷通得丧，吾听之而已；存乎我者，于人无与也，毁誉是非，吾置之而已。

小人乐闻君子之过，
君子耻闻小人之恶。

慕人善者，勿问其所以善，恐拟议之念生，而效法之念微矣；济人穷者，勿问其所以穷，恐憎恶之心生。而恻隐之心泯矣。

时穷势蹙之人，当原其初心；

功成名立之士，当观其末路。

踪多历乱，定有必不得已之私；

言到支离，才是无可奈何之处。

惠不在大，在乎当厄；

怨不在多，在乎伤心。

毋以小嫌疏至戚，毋以新怨忘旧恩。

两惠无不释之怨，两求无不合之交，两怒无不成之祸。

古之名望相近则相得，
今之名望相近则相妒。

齐家类

勤俭，治家之本；忠孝，齐家之本；谨慎，保家之本；诗书，起家之本；积善，传家之本。

天下无不是的父母，

世间最难得者兄弟。

以父母之心为心，天下无不友之兄弟；

以祖宗之心为心，天下无不和之族人；

以天地之心为心，天下无不爱之民物。

人君以天地之心为心，人子以父母之心为心，天下无不一之心矣；臣工以国家之事为事，奴仆以家主之事为事，天下无不一之事矣。

孝莫辞劳，转眼便为人父母；善因望报，回头但看尔儿孙。子之孝，不如率妇以为孝，妇能养亲者也；公姑得一孝妇，胜如得一孝子。妇之孝，不如导孙以为孝，孙能娱亲者也；祖父得一孝孙，又增一辈孝子。

父母所欲为者，我继述之；
父母所重念者，我亲厚之。

婚而论财，究也夫妇之道丧。
葬而求福，究也父子之恩绝。

君子有终身之丧，忌日是也；

君子有百世之养，邱墓是也。

兄弟一块肉，妇人是刀锥。

兄弟一釜羹，妇人是盐梅。

兄弟和其中自乐，子孙贤此外何求。

心术不可得罪于天地，

言行要留好样与儿孙。

现在之福，积自祖宗者，不可不惜；将来之福，贻于子孙者，不可不培。现在之福如点灯，随点则随竭；将来之福如添油，愈添则愈明。

问祖宗之泽，吾享者是当念积累之难；问子孙之福，吾贻者是要思倾覆之易。

知前世因，今生受者是；吾谓昨日以前，尔父尔祖，皆前世也。要知后世果，今生作者是；吾谓今日以后，尔子尔孙，皆后世也。

祖宗富贵，自诗书中来；子孙享富贵，则弃诗书矣。祖宗家业，自勤俭中来；子孙享家业，则忘勤俭矣。

近处不能感动，未有能及远者。小处不能调理，未有能治大者。亲者不能联属，未有能格疏者。一家生理不能全备，未能有安养百姓者。一家子弟不率规矩，未有能教诲他人者。

至乐无如读书，至要莫如教子。

子弟有才，制其爱，毋弛其诲，故不以骄败；子弟不肖，严其诲，毋薄其爱，故不以怨离。

雨泽过润，万物之灾也；恩宠过礼，臣妾之灾也；情爱过义，子孙之灾也。

安详恭敬，是教小儿第一法；

公正严明，是做家长第一法。

人一心先无主宰，如何整理得一身正当；人一身先无规矩，如何调剂得一家肃穆。

融得性情上偏私，便是大学问；消得家庭中嫌隙，便是大经纶。

遇朋友交游之失，宜剀切，不宜游移；处家庭骨肉之变，宜委曲，不宜激烈。

未有和气萃焉，而家不吉昌者；
未有戾气结焉，而家不衰败者。

闺门之内，不出戏言，则刑于之化行矣；房幄之中，不闻戏笑，则相敬之风着矣。

人之于嫡室也，宜防其蔽子之过；
人之于继室也，宜防其诬子之过。

仆虽能，不可使与内事；
妻虽贤，不可使与外事。

如仆得罪于我者尚可恕，得罪于人者不可恕。子孙得罪于人者尚可恕，得罪于天者不可恕。

奴之不祥，莫大于传主人之谤语；主之不祥，莫大于行仆婢之谮语。

治家严家乃和，居乡恕乡乃睦。

治家忌宽，而尤忌严；

居家忌奢，而尤忌啬。

无正经人交接，其人必是奸邪；

无穷亲友往来，其家必然势利。

日光照天，群物皆作；人灵于物，寐而不觉，是谓天起人不起，必为天神所谴，如君上临朝，臣下高卧失误，不免罚责。夜漏三更，群物皆息；人灵于物，烟酒沉溺，是谓地眠人不眠，必为地祇所诃，如家主欲睡，仆婢喧闹不休，定遭鞭笞。

楼下不宜供神，虑楼上之秽亵。

屋后必须开户，防屋前之火灾。

从政类

眼前百姓即儿孙，莫谓百姓可欺，且留下儿孙地步；堂上一官称父母，漫道一官好做，须尽些父母恩情。

善体黎庶情，此谓民之父母；
广行阴骘事，以能保我子孙。

封赠父祖易得也，无使人唾骂，父祖难得也。恩荫子孙易得也，无使我毒害，子孙难得也。

洁己方能不失己，爱民所重在亲民。

国家立法，不可不严；

有司行法，不可不恕。

严以驭役而宽以恤民，极于扬善而勇于去奸，缓于催科而勤于抚字。

催科不扰，催科中抚字；

刑罚不差，刑罚中教化。

刑罚当宽处即宽，黎庶皆上天儿女。

财用可省时便省，丝毫皆下民脂膏。

居家为妇女们爱怜，朋友必多怒色；

做官为左右人欢喜，百姓定有怨声。

官不必尊显，期于无负国法；道不必博施，要在有裨民物。禄岂须多，防满则退。年不待暮，有疾便辞。天非私富一人，托以众贫者之命；天非私贵一人，托以众贱者之身。

在世一日要做一日好人，
为官一日要行一日好事。

贫贱人栉风沐雨，万苦千辛，自家血汗自家消受，天之鉴察犹恕；富贵人衣税食租，担爵受禄，万民血汗一人消受，天之督责更严。

平日诚以治民而民信之，则凡有事于民，无不应矣；平日诚以事天而天信之，则凡有祷于天，无不应矣。

平民肯种德施惠，便是无位底卿相；士夫徒贪权希宠，竟成有爵底乞儿。

无功而食，雀鼠是已；
肆害而食，虎狼是已。

毋矜清而傲浊，毋慎大而忽小，毋勤始而怠终。

勤能补拙，俭以养廉。

居官廉，人以为百姓受福，予以为赐福于子孙者不浅也，曾见有约己裕民者后代不昌大耶？！居官浊，人以为百姓受害，予以为贻害于子孙者不浅也，曾见有瘠众肥家者历世得久长耶？！

以林皋安乐懒散心做官，未有不荒怠者；以在家治生营产心做官，未有不贪鄙者。

念念用之民生，则为吉士；念念用之套数，则为俗吏；念念用之身家，则为贼臣。

古之从仕者养人，今之从仕者养己。古之居官也，在下民身上做工夫；今之居官也，在上官眼底做工夫。

在家者不知有官，方能守分；
在官者不知有家，方能尽分。

君子当官任职，不计难易，而志在济人，故动辄成功；小人苟禄营私，只任便安，而意在利己，故动多败事。

职业是当然底，每日做他不尽，莫要认作假。权势是偶然底，有日还他主者，莫要认作真。

一切人为恶，犹可言也，惟读书人不可为恶；读书人为恶，更无教化之人矣！一切人犯法，犹可言也，惟做官人不可犯法；做官人犯法，更无禁治之人矣！

士大夫济人利物，宜居其实，不宜居其名，居其名则德损。士大夫忧国为民，当有其心，不当有其语，有其语则毁来。

以处女之自爱者爱身，以严父之教子者教士。执法如山，守身如玉，爱民如子，去蠹如仇。

陷一无辜，与操刀杀人者何别？
释一大憝，与纵虎伤人者无殊！

针芒刺手，茨棘伤足，举体痛楚，刑惨百倍于此，可以喜怒施之乎？虎豹在前，坑阱在后，百般呼号，狱犴何异于此，可使无辜坐之乎？

官虽至尊，决不可以人之生命，佐己之喜怒。官虽至卑，决不可以己之名节，佐人之喜怒。

听断之官，成心必不可有；
任事之官，成算必不可无。

无关紧要之票，概不标判，则吏胥无权。不相交涉之人，概不往来，则关防自密。

无辜牵累难堪，非紧要，只须两造对质，保全多少身家。疑案转移甚大，无确据，便当末减从宽，休养几人性命。

呆子之患，深于浪子，以其终无转智；
昏官之害，甚于贪官，以其狼藉及人。

官肯着意一分，民受十分之惠。
上能吃苦一点，民沾万点之恩。

礼繁则难行，卒成废阁之书。
法繁则易犯，更其灭裂之祸。

善启迪人心者，当因其所明而渐通之，毋强开其所闭。善移易风俗者，当因其所易而渐反之，毋强矫其所难。

非甚不便于民，且莫妄更；
非大有益于民，则莫轻举。

情有可通，旧有者不必过裁抑，免生寡恩之怨；事在得已，旧无者不必妄增设，免开多事之门。

为前人者，无干誉矫情，立一切不可常之法，以难后人。为后人者，无矜能露迹，为一朝即改革之政，以暴前人。

事在当因，不为后人开无故之端；
事在当革，毋使后人长不救之祸。

利在一身勿谋也，利在天下者谋之；
利在一时勿谋也，利在万世者谋之。

莫为婴儿之态而有大人之器，

莫为一身之谋而有天下之志，

莫为终身之计而有后世之虑。

用三代以前见识，而不失之迂；

就三代以后家数，而不邻于俗。

大智兴邦，不过集众思；

大愚误国，只为好自用。

吾爵益高，吾志益下；吾官益大，吾心益小；吾禄益厚，吾施益博。

安民者何？无求于民，则民安矣。

察吏者何？无求于吏，则吏察矣。

不可假公法以报私仇，不可假公法以报私德。天德只是个无我，王道只是个爱人。

惟有主，则天地万物自我而立；

必无私，斯上下四旁咸得其平。

治道之要在知人，君德之要在体仁，御臣之要在推诚，用人之要在择言，理财之要在经制，足用之要在薄敛，除寇之要在安民。

未用兵时，全要虚心用人；

既用兵时，全要实心活人。

天下不可一日无君，故夷齐非汤武明臣道也，不然，则乱臣接踵而难为君。天下不可一日无民，故孔孟是汤武明君道也，不然，则暴君接踵而难为民。

庙堂之上，以养正气为先；

海宇之内，以养元气为本。

政令之所重者人才，

国家之所重者元气。

惠吉类

圣人敛福，君子考祥；
作德日休，为善最乐。

开卷有益，作善降祥；
崇德效山，藏器学海。

群居守口，独坐防心。

知足常乐，能忍自安。

穷达有命，吉凶见人。

以镜自照见形容，以心自照见吉凶。

善为至宝，一生用之不尽；
心作良田，百世耕之有余。
世事让三分，天空地阔；
心田培一点，子种孙收。

要好儿孙，须方寸中放宽一步；
欲成家业，宜凡事上吃亏三分。

留福与儿孙，岂必尽黄金白镪；
积德为产业，由来皆美宅良田。

存一点天理心，不必责效于后，子孙赖之；说几句阴骘语，纵未尽施于人，鬼神鉴之。

非读书不能入圣贤之域，
非积德不能生聪慧之儿。

多积阴德，诸福自至，是取决于天。尽力农事，加倍收成，是取决于地。善教子孙，后嗣昌大，是取决于人。事事培元气，其人必寿；念念存本心，其后必昌。

勿为一念可欺也，须知有天地鬼神之鉴察。勿谓一言可轻也，须知有言后左右之窃听。勿谓一事可逞也，须知有子孙祸福之报应。

人心一念之邪，而鬼在其中焉。因而欺侮之，播弄之，昼见于形像，夜见于梦魂，必酿其祸而后已。故邪心即是鬼，鬼与鬼相应，又何怪乎！人心一念之正，而神在其中焉。因而鉴察之，呵护之，上至于父母，下至于儿孙，必致其福而后已。故正心即是神，神与神相亲，又何疑焉！

终日说善言，不如做了一件；

终身行善事，须防错了一桩。

物力艰难，要知吃饭穿衣，谈何容易。

光阴迅速，即使读书行善，能有几时。

只字必惜，贵之根也；粒米必珍，富之源也；片言必谨，福之基也；微命必护，寿之本也。

作践五谷，非有奇祸，必有其穷；
爱惜只字，不但显荣，亦当延寿。

茹素虽佛氏教也，好生非上天意乎。

仁厚刻薄，是修短关；谦卑骄满，是祸福关；勤俭奢惰，是贫富关；保养纵欲，是人鬼关。

造物所忌，曰刻曰巧；
万类相感，以诚以忠。
做人无成心，便带福气；
做事有结果，亦是寿征。

执拗者福轻，而圆通之人其福必厚；
急躁者寿夭，而宽宏之士其寿必长。

“谦”卦六爻皆吉，“恕”字终身可行。

作本色人，说根心话，干近情事。

一点慈爱，不但是积德种子，亦是积福根苗，试看哪有不慈爱的圣贤。一念容忍，不但是无量德器，亦是无量福田，试看哪有不容忍的君子。

好恶之良，萌于夜气，息之于静也。
恻隐之心，发于乍见，感之于动也。

塑像栖神，盍归奉亲；

造院居僧，盍往救贫。

费千金而结纳势豪，孰若倾半瓢之粟以济饥饿。构千楹而招徕宾客，何如葺数椽之屋以庇孤寒。悯济人穷，虽分文升合，亦是福田；乐与人善，即只字词组，皆为良药。

谋占田园，决生败子；

尊崇师傅，定产贤郎。

平居寡欲养身，临大节则达生委命。

治家量入为出，干好事则仗义轻财。

善用力者就力，善用势者就势，

善用智者就智，善用财者就财。

身世多险途，急须寻求安宅。

光阴同过客，切莫汩没主翁。

莫忘祖父积阴功，须知文字无权，全凭阴骘。最怕生平坏心术，毕竟主司有眼，如见心田。

天下第一种可敬人，忠臣孝子；

天下第一种可怜人，寡妇孤儿。

孝子百世之宗，仁人天下之命。

形若正，不求影之直而影自直；
声若平，不求响之和而响自和；
德若崇，不求名之远而名自远。

有阴德者，必有阳报；
有隐行者，必有显名。

施必有报者，天地之定理，仁人述之以劝人。施不望报者，圣贤之盛心，君子存之以济世。

面前的理路要放得宽，使人无不平之叹；身后的惠泽要流得远，令人有不匮之思。

不可不存时时可死之心，不可不行步步求生之事。作恶事须防鬼神知，干好事莫怕旁人笑。

吾本薄福人，宜行惜福事；吾本薄德人，宜行积德事。薄福者必刻薄，刻薄则福愈薄矣；厚福者必宽厚，宽厚则福益厚矣。

有工夫读书，谓之福；有力量济人，谓之福；有明道济世著述，谓之福；有聪明浑厚姿质，谓之福；无是非到耳，谓之福；无疾病缠身，谓之福；无尘俗撄心，谓之福；无兵凶荒歉之岁，谓之福。

从热闹场中出几句清冷言语，便扫除无限杀机；向寒微路上用一点赤热心肠，自培植许多生意。

入瑶树琼林中皆宝，

有谦德仁心者为祥。

谈经济外，当谈道义，可以化人；

谈心性外，当谈因果，可以劝善。

艺花可以邀蝶，垒石可以邀云，栽松可以邀风，植柳可以邀蝉，贮水可以邀萍，筑台可以邀月，种蕉可以邀雨，藏书可以邀友，积德可以邀天。

作德日休，是谓福地；
居易俟命，是谓洞天。

心地上无波涛，随在皆风恬浪静；
性天中有化育，触处见鱼跃鸢飞。

贫贱忧戚，是我分内事，当动心忍性，静以俟之，更行一切善以斡转之。富贵福泽，是我分外事，当保泰持盈，慎以守之，更造一切福以凝承之。

世网那时跳出，先当忍性耐心，自安义命，即网罗中之安乐窝也。尘务不易尽捐，惟不起炉作灶，自取纠缠，即火坑中之清凉散也。

热不可除，而热恼可除，秋在清凉台上。
穷不可遣，而穷愁可遣，春生安乐窝中。

富贵贫贱，总难称意，知足即为称意。
山水花竹，无恒主人，得闲便是主人。

要足何时足，知足便足；
求闲不得闲，偷闲即闲。

知足常足，终身不辱；
知止常止，终身不耻。

急行缓行，前程总有许多路；
逆取顺取，命中只有这般财。

理欲交争，肺腑成为吴越；
物我一体，参商终是兄弟。

以积货财之心积学问，以求功名之心求道德，以爱妻子之心爱父母，以保爵位之心保国家。

移作无益之费以作有益，则事举；移乐宴乐之时以乐讲习，则智长；移信邪道之意以信圣贤，则道明；移好财色之心以好仁义，则德立。移计利害之私以计是非，则养精；移养小人之禄以养君子，则国治；移保身家之念以保百姓，则民安。

做大官底是一样家数，
做好人底是一样家数。

潜居尽可以为善，何必显宦？躬行孝弟，志在圣贤，纂辑先哲格言，刊刻广布，行见化行一时，泽流后世，事业之不朽，蔑以加焉？贫贱尽可以积德，何必富贵？存平等心，行方便事，交法前人懿行，训俗型方，自然谊敦宗族，德被乡邻，利济之无穷，孰大于是？！

一时劝人以言，百世劝人以书。

静以修身，俭以养福。
入则笃行，出则友贤。

读书者不贱，力田者不饥。

积德者不倾，择交者不败。

明镜止水以澄心，泰山乔岳以立身；

青天白日以应事，霁月光风以待人。

省费医贫，恬退医躁，独卧医淫，随缘医愁，读书医俗。

解事宜读史，得意宜临书，静坐宜焚香，醒睡宜嚼茗。体物宜展画，迁境宜按歌，阅候宜灌花，保形宜课药。隐心宜调鹤，孤况宜闻蛩，涉趣宜观鱼，忘机宜饲雀。幽寻宜借草，淡味宜掬泉，独立宜望山，闲吟宜倚树。

清谈宜剪烛，独啸宜登台，逸兴宜投壶，结想宜欹枕。息缘宜闭户，探景宜携囊，爽致宜临风，愁怀宜伫月。倦游宜听雨，元悟宜对雪，辟寒宜映日，空累宜看云。谈道宜访友，福厚宜积德。

悖凶类

富贵家不肯从宽，必遭横祸；

聪明人不肯学厚，必殀天年。

倚势欺人，势尽而为人欺；

恃财侮人，财散而受人侮。

暗里算人者，算的是自家儿孙；

空中造谤者，造的是本身罪孽。

饱肥甘，衣轻暖，不知节者损福；

广积聚，骄富贵，不知止者杀身。

文艺自多，浮薄之心也；

富贵自雄，卑陋之见也。

位尊身危，财多命殆。

机者，祸患所由伏，人生于机，即死于机也。巧者，鬼神所最忌，人有大巧，必有大拙也。

出薄言，做薄事，存薄心，种种皆薄，未免灾及其身。设阴谋，积阴私，伤阴骘，事事皆阴，自然殃流后代。

积德于人所不知，是谓阴德，阴德之报，较阳德倍多。造恶于人所不知，是谓阴恶，阴恶之报，较阳恶加惨。

家运有盛衰，久暂虽殊，消长循环如昼夜；人谋分巧拙，智愚各别，鬼神彰瘅最严明。

天堂无则已，有则君子登；
地狱无则已，有则小人入。

为恶畏人知，恶中尚有转念；
为善欲人知，善处即是恶根。

谓鬼神之无知，不应祈福；

谓鬼神之有知，不当为非。

势可为恶而不为，即是善；

力可行善而不行，即是恶。

于福作罪，其罪非轻；

于苦作福，其福最大。

行善如春园之草，不见其长，日有所增。行恶如磨刀之石，不见其消，日有所损。

使为善而父母怒之，兄弟怨之，子孙羞之，宗族乡党贱恶之，如此而不为善，可也；

为善则父母爱之，兄弟悦之，子孙荣之，宗族乡党敬信之，何苦而不为善？使为恶而父母爱之，兄弟悦之，子孙荣之，宗族乡党敬信之，如此而为恶，可也；为恶则父母怒之，兄弟怨之，子孙羞之，宗族党乡贱恶之，何苦而必为恶？

为善之人，非独其宗族亲戚爱之，朋友乡党敬之，虽鬼神亦阴相之。为恶之人，非独其宗族亲戚叛之，朋友乡党怨之，虽鬼神亦阴殛之。

为一善而此心快惬，不必自言，而乡党称誉之，君子敬礼之，鬼神福祚之，身后传诵之；为一恶而此心愧怍，虽欲掩护，而乡党传笑之，王法刑辱之，鬼神灾祸之，身后指说之。

一命之士，苟存心于爱物，于人必有所济；无用之人，苟存心于利己，于人必有所害。

膏粱积于家，而剥削人之糠秕，终必自盲其膏粱；文绣充于室，而攘取人之敝裘，终必自丧其文绣。

天下无穷大好事，皆由于轻利之一念；利一轻，则事事悉属天理，为圣为贤，从此进基。天下无穷不肖事，皆由于重利之一念；

利一重，则念念皆违人心，为盗为跖，从此直入。

清欲人知，人情之常，今吾见有贪欲人知者矣！柔其颐，垂其涎，惟恐人误视为灵龟而不饱其欲也。善不自伐，盛德之事，今吾见有自伐其恶者矣！张其牙，露其爪，惟恐人不识为猛虎而不畏其威也。

世之愚人，每以奢为有福，以杀为有禄，以淫为有缘，以诈为有谋，以贪为有为，以吝为有守，以争为有气，以瞋为有威，以赌为有技，以讼为有才，可不哀哉！

谋馆如鼠，得馆如虎，鄙主人而薄弟子者，塾师之无耻也。卖药如仙，用药如颠，贼人命而诿天数者，医师之无耻也。觅地如瞽，谈地如舞，矜异传而谤同道者，地师之无耻也。

不可信之师，勿以私情荐之，使人托以子弟；不可信之医，勿以私情荐之，使人托以生命；不可信之堪舆，勿以私情荐之，使人托以先骸；不可信之女子，勿以私情媒之，使人托以宗嗣。

肆傲者纳侮，讳过者长恶，

贪利者害己，纵欲者戕生。

鱼吞饵，蛾扑火，未得而先丧其身；猩醉体，蚊饱血，已得而随亡其躯；鹚食鱼，蜂酿蜜，虽得而不享其利。欲不除，似蛾扑灯，焚身乃止；贪不了，如猩嗜酒，鞭血方休。

明星朗月，何处不可翱翔？而飞蛾独趋灯焰。嘉卉清泉，何物不可饮啄？而蝇蚋争嗜腥膻。

飞蛾死于明火，故有奇智者，必有奇殃；游鱼死于芳纶，故有酷嗜者，必有酷毒。

慨夏畦之劳劳，秋毫无补；
悯冬烘之贸贸，春恩广覃。

吉人无论处世平和，即梦寐神魂，无非生意；凶人不但作事乖戾，即声音笑貌，浑是杀机。

仁人心地宽舒，事事有宽舒气象，故福集而庆长；鄙夫胸怀苛鄙，事事以苛刻为能，故禄薄而泽短。

充一个公己公人心，便是吴越一家；

任一个自私自利心，便是父子仇雠。

理以心为用，心着于欲则理灭，如株干斩而本亦败坏；心以理为本，理被欲蔽则心亡，如水泉竭而河亦干枯。

鱼与水相合，不可离也，离水则鱼槁矣；形与气相合，不可离也，离气则形坏矣；心与理相合，不可离也，离理则心死矣。

天理是清虚之物，清虚则灵，灵则活；
人欲是渣滓之物，渣滓则蠢，蠢则死。

毋以嗜欲杀身，毋以货财杀子孙，毋以政事杀百姓，毋以学术杀天下后世。

毋执去来之势而为权，毋固得丧之位而为宠，毋恃聚散之财而为利，毋认离合之形而为我。

贪了世味的滋益，必招性分的损；
讨了人事的便宜，必吃天道的亏。

精工言语，于行事毫不相干！
照管皮毛，与性灵有何关涉？

荆棘满野，而望收嘉禾者愚；
私念满胸，而欲求福应者悖。

敬非但日强也，凝心静气，觉分阴寸晷，倍自舒长；安肆非但日偷也，意纵神驰，虽累月经年，亦形迅驶。自家过恶自家省，待祸败时，省已迟矣；自家病痛自家医，待死亡时，医已晚矣。

多事为读书第一病，多欲为养生第一病，多言为涉世第一病，多智为立心第一病，多费为作家第一病。

今之用人，只怕无去处，不知其病根在来处；今之理财，只怕无来处，不知其病根在去处。

贫不足羞，可羞是贫而无志。贱不足恶，可恶是贱而无能。老不足叹，可叹是老而无成。死不足悲，可悲是死而无补。

事到全美处，怨我者难开指摘之端；

行到至污处，爱我者莫施掩护之法。

衣垢不湔，器缺不补，对人犹有惭色；

行垢不湔，德缺不补，对天岂无愧心？

供人欣赏，侪风月于烟花，是曰亵天；

逞我机锋，借诗书以戏谑，是名侮圣。

罪莫大于亵天，恶莫大于无耻。

苛刻心术之恶，过莫大于深险。

言语之恶，莫大于造诬；行事之恶，莫大于苛刻；心术之恶，莫大于深险。

谈人之善，泽于膏沐；

暴人之恶，痛于戈矛。

当厄之施，甘于时雨；

伤心之语，毒于阴冰。

阴岩积雨之险奇，可以想为文境，不可设为心境。华林映日之绮丽，可以假为文情，不可依为世情。

许由洗耳以鸣高，予以为耳其窦也，其言已入于心矣，当剖心而澣之；陈仲出哇以示洁，予以为哇其滓也，其味已入于肠矣，当封肠而涤之。

诋缁黄之背本宗，或衿带坏圣贤名教；

詈青紫之忘故友，乃衡茅伤骨肉天伦。

炎凉之态，富贵其于贫贱；

嫉妒之心，骨肉其于外人。

兄弟争财，父遗不尽不止；妻妾争宠，夫命不死不休。受连城而代死，贪者不为，然死利者何须连城？携倾国以告殂，淫者不敢，然死色者何须倾国？

乌获病危，虽童子制梃可挞；

王嫱臭腐，惟狐狸钻穴相窥。

圣人悲时悯俗，贤人痛世疾俗，

众人混世逐俗，小人败常乱俗。

读书为身上之用，而人以为纸上之用。做官乃造福之地，而人以为享福之地。壮年正勤学之日，而人以为养安之日。科第本消退之根，而人以为长进之根。

盛者衰之始，福者祸之基。

福莫大于无祸，祸莫大于邀福。

附：民国版·序

“格言”二字，不见于经，其见于传记者，最早为三国时崔琰《谏世子丕书》，有云：“周孔之格言，二经之明训。”至晋潘岳《闲居赋》中有“奉周任之格言”，李善注引《论语考》曰：“格言成法，亦可以次序也。”然则格言见谶纬之书，出自孔门，行于周代，其来盖已久矣。《六经》《四书》，即圣人述作之格言。后世非专门学子，未能专意治经，则赖有历代先哲浅近之格言，足以随事醒世，其有功于世道人心者大矣。

清咸丰间，山阴金兰生先生辑为《觉觉

录》一书，分门采录，有条不紊。世重其书，刊刻流布，日增月盛，可知好善，人有同心。因世衰道弊，陷溺益深，救世之士，益亟于提倡是书，以资警醒之用。故传本既多，各家之本，字句略有异同，较其意义，互有短长。潮阳郭君辅庭，知是书大有益于救世，爰取各本，悉心校雠，从其最长，勒为定本。又慭刻工潦草，不足动人爱玩之意，延请名手仿宋精刊精印，使通人雅士，亦足资为席上之珍。此诚善与人同，多方诱掖之苦心也。

余尝思，至理名言，足以发人深省，启人神悟。更有校辑近代格言高其品格者，意欲集《说苑》《新序》《淮南》之警句，分门别类，撰为一书。能更遍搜诸子之文以附益之更善。不能，则此书亦足以穷心理之变化，析事理之毫芒，而为六经之外，格言之最高尚者矣。人事卒卒，此愿未遂。郭君以所刻《觉觉录》嘱序，伸其余意如此。

庚午（1930）八月　孟森 谨叙